설득의
리더십

설득의 리더십

사람의 마음을 읽는 지혜와 기술

김문성 지음

| 머리글 |

인간관계의 최고 조언자가 될 심리학, 인생을 즐기는 유용한 지침을 제시하다

살면서 이해되지 않는 상황에 자주 부딪힌다. 주로 이해하지 못하는 사람 때문에 발생하고 말과 행동에 따라 오해하거나 상처받는다. 심리학은 인간을 이해하는 대표적 학문이다. 상대방을 이해하면 우리는 도무지 알 수 없을 것 같던 상황도 이해하고 더는 상처받지 않아도 된다.

설득의 리더십은 이해하는 힘을 기르는 동시에 설득하는 능력도 키울 수 있다. 누구나 상대방을 설득하고 마음을 얻고 싶어 한다. 이를 위해 대화하는 말 속에서, 오가는 눈빛 속에서, 말 사이사이 침묵 속에서, 목소리의 높낮이, 표정 등 여러 가지 것을 보고 상대방의 마음이나 상황을 예상한다. 그러나 미세한 감정 변화를 알지 못하고 오해할 때도 잦다. 인간관계의 불화는 상대방의 메시지를 잘못 해석하거나 오해하면서 시작된다. 오해 때문에 연인과 싸우고 회사의 일에 차질이 생기고 친구와의 관계가 소원해진다. 이 책은 마음에 대해 제대로 된 해석과 이해를 함으로써 심리학의 본래 목적을 실현하고 오해를 줄이는 데 도움이 되고자 했다.

가벼운 마음으로 순서와 상관없이 어느 장부터 읽어도 된다. 표정, 말투, 행동에서 그 사람이 감추고 있는 속마음이나 욕구를 엿볼 수 있다. 인간관계, 특히 연애와 비즈니스 관계에서 알맞은 대처를 함으로써 더욱 원활하게 의사소통을 할 수 있을 것이다. 사람을 설득하고 인간관계를 능동적으로 바꾸는 방법도 빼놓지 않았다. 원하는 인생을 살기 위해서 심리학이 어떤 역할을 하는지 우리는 볼 수 있을 것이다.

무의식에 주목한다

많은 심리학자가 인간의 무의식이 얼마나 많은 메시지를 담고 있는지 밝혀낸 바가 있다. 이 책에서도 무의식적으로 나온 행동들, 그리하여 남들은 물론 자신 역시도 지나친 메시지를 보는 데 집중하게 했다. 즉, 타인의 마음은 물론이고 자기의 마음도 들여다볼 수 있을 것이다.

그리하여 인간관계, 특히 자신의 속마음을 그대로 드러낼 수 없어 고민이 되는 비즈니스 관계에 많은 도움이 되고자 했다. 비즈니스 관계는 사적인 관계보다 미묘하고 복잡하다. 이해관계에 따라 움직이는 듯하면서 인정에 기대는 부분이 많고, 일시적으로 끝나기보다 지속적인 신뢰와 유대가 필요하다. 그에 반해 자신의 감정을 자유롭게 표현할 수 없어 욕구나 스트레스가 쌓이기 쉬운 관계이기도 하다. 화려한 말솜씨나 든든한 배경이 없어도 상사, 동료, 부하 직원의 호감과 신뢰를 얻고 거래처 사람들과 순조로운 의사소통이 가능하도록 심리학적으로 접근했다.

몸짓과 표정을 보고 설득하기

사람이 자기 뜻이나 감정을 전달하기 위해 가장 많이 쓰는 수단은 무엇일까. 말이라고 생각하기 쉬우나 몸짓이나 표정 등 비언어적 의사 표현을 더 많이 쓴다고 한다. 즉, 몸짓 언어를 어떻게 쓰느냐에 따라 자신의 의사를 효과적으로 전달할 수 있느냐가 결정되는 것이다. 자연히 사람의 심리를 이해하기 위해서는 그 사람의 몸짓 언어를 알아듣는 것이 중요하다. 같은 언어, 같은 문화권에 있지만, 가치관이 저마다 다르면 그것을 이해하지 못할 때가 많다. 같은 사물을 보고도 이해하는 바가 다르다. 그리하여 때로는 모두 섬처럼 떨어져 서로 이해하지 못한다. 외국인과 대화하려면 외국어가 필요하듯 우리가 숨어 있는 마음과 감정을 이해하기 위해서는 비언어적 의사 표현을 이해해야 한다. 이 책은 심리학의 관점으로 비언어적 의사 표현 속 욕구와 마음을 읽어 낸다. 상대방의 버릇이나 말투가 단순한 행동이 아니라 무언가를 말하는 언어임에 주목하는 것이다. 그리하여 말로써 대화하지 않아도 상대방을 이해하고 자신의 마음을 들여다보도록 한다.

물론 이 책을 읽고 그 내용을 전부 적용하기에 사람의 심리는 훨씬 미묘하고 복잡하다. 하지만 사소한 행동 하나로 유추하고, 어떤 버릇이나 말투로 그 사람의 이면을 들여다볼 수도 있다. 자신도 모르게 부정적인 몸짓으로 말한다면 그 몸짓을 바로잡고 긍정적인 인상을 얻고 호감을 끌어낼 수 있다.

결국, 모든 일은 사람과 사람의 관계에서 생겨난다. 관계를 어떻게 푸느냐에 따라 살아가는 데 큰 힘이 되거나 장애가 될 수 있다.

이 책에서 말하는 심리학은 관찰 심리학인 동시에 관계 심리학이다. 더욱 잘 관찰하여 더 친밀한 관계를 만들고 자신의 감정을 자유롭게 드러낼 수 있게 한다.

그 누구보다 자신을 돌보거나 다른 사람을 대하는 것이 어려운 이들이 읽었으면 하는 바람이다. 마음 들여다보기부터 시작해 더 넓은 세상으로 나아가는 길에 심리학이 든든한 지팡이가 되어 줄 것이다.

차례

머리글_ 인간관계의 최고 조언자가 될 심리학,
　　　　인생을 즐기는 유용한 지침을 제시하다 • 4

1부
사람의 말투와 태도에서 나타는 속마음

| Chapter 01 | 감추어진 속마음

'절대' 하고 단언하는 이유 • 20　오래 알고 지낸 사이인데도 존댓말을 쓰는 이유 • 21
'얼마나 고생했는데'가 말버릇인 사람의 성향 • 22　뜸 들이는 말투에 숨겨진 의미 • 23　'말하자면'을 쓰면 똑똑해 보인다 • 24　'아무튼'이라고 하면 이야기를 끝내라 • 26　'우리끼리만 하는 얘기'라는 말에 주의하라 • 27　'시간이 없어서'를 남발하는 사람은 일을 못한다 • 28　'그래서…'를 연발하는 사람들의 공통점 • 29　'혹은', '아니면'이 입버릇인 사람 • 30　'알지 모르겠지만'이라고 말하는 사람의 속내 • 31
'~에 대해 어떻게 생각해?' 하며 자기자랑을 늘어놓는 사람 • 32　'~생각하고 있습니다' 하는 사람 • 33　'하지만'이 입버릇인 사람의 속마음 • 34　'그런데', '그렇지만'이 입버릇인 사람의 말은 기대하지 말라 • 35　'역시'를 연발하는 이유 • 36　언제나 남을 긍정하는 사람, 알고 보면 고집불통 • 37　말을 시작할 때, '자, 그럼' 하는 사람의 마음 • 39　'의외로'를 즐겨 쓰는 사람은 즉흥적인 사람 • 40　'그러니까~' 하며 막무가내로 말하는 사람의 심리 • 41　'여전하구나', '변함이 없네'가 말버릇인 사람은 무

신경하다 • 42　상대를 '그쪽'이라 부르는 사람의 심리 • 43　'자네한테는 어려울지 모르지만' 하는 직장 상사의 속마음 • 44　회의에서 '난 그런 말 들은적 없다'는 사람의 심리 • 45　'당신을 믿는다'는 말을 반복하는 사람을 주의해라 • 46　말을 시작할 때 '어…'가 버릇인 사람의 심리 • 47　헤어질 때 '그럼, 빠른 시일 내에'라고 하면 가능성은 남아 있다 • 48　푸념 속 속마음 • 49　자기를 불렀을 때, 못 들은 척하는 사람은 자존심이 세다 • 51　자신을 칭할 때 이름을 부르는 사람 • 52

Chapter 02 │ 버릇으로 읽는 심리

인사할 때 배를 가리는 이유 • 56　잘난 체하듯 손으로 허리를 짚는 이유 • 57　실내에서 모자나 선글라스를 벗지 않는 이유 • 58　다리를 자주 꼬았다가 푸는 사람 • 59　이야기할 때 의자 앞부분에 살짝 걸터앉는 행동 • 60　상대가 지루해하는지 간파하는 방법 • 61　손의 움직임으로 아는 진심 • 62　얼굴을 만지면서 이야기하는 사람 • 63　고개를 숙인 채 자주 턱을 만지는 사람 • 64　상대의 움직임이 줄었을 때 • 65　머리카락을 잡아당기거나 뽑는 사람 • 66　손끝을 붙이는 동작으로 알 수 있는 상대의 신뢰도 • 67　의자 등받이를 가슴 쪽으로 돌려 다리를 벌리고 앉는 이유 • 68　불안해하는 사람의 팔짱 • 69　거리낌 없이 어깨를 치는 심리 • 70　악수할 때 자신의 손을 위로 내미는 심리 • 71　손바닥을 아래로 향하는 이유 • 72　머리를 깊숙이 숙이는 인사를 믿지 말라 • 73　그 사람이 서 있는 위치로 보는 호감도 • 74　만지면 갖고 싶어지는 심리의 이면 • 76　입에 자꾸 손이 가는 버릇이 있는 사람 • 77　볼과 귀를 만지는 버릇이 있는 사람을 대할 때 • 78　귓불을 잡아당기며 이야기하는 이유 • 79　턱을 앞으로 쑥 내미는 동작에 숨겨진 자존심 • 80　몸을 둥글게 구부리고 자는 사람의 심리 • 81　부자연스러운 동작의 의미 • 82　담배를 입에 무는 모습으로 아는 성격 • 83　지나치게 가까이 접근하는 사람의 심리 • 84　손의 움직임으로 보는 무의식 • 86 경기를 보는 관중이 머리를 두 손으로 감싸는 심리 • 87 주머니에 손을 넣고 걸어 다니는 사람의 심리 • 88 부드러운 털을 보면 만지고 싶어지는 심리 • 89 고약하다고 생각하면서도 냄새를 맡는 이유 • 90 시계를 보는 버릇이 있는 사람과 교섭할 때의 주의 점 • 91 전철에서 다리를 벌리고 앉는 사람의 심리 • 92 남의 버릇이 신경 쓰이는 이유 • 93 사타구니 부분에 두 손을 모으는 남자가 감추려는 것 • 94 뒷짐 지고 천천히 걷는 사람의 자신감 • 95 필요 이상으로 가슴을 펴는 사람의 심리 • 96 다리를 엑스자로 교차시키는 이유 • 97 누군가의 앞을 지나갈 때 허리를 구부리고 손을 들어 올리는 이유 • 98 깍지를 낄 때 먼저 올라오는 손으로 아는 성격 • 99 전화하면서 고개 숙여 인사하는 이유 • 100 손바닥에 땀을 잘 흘리는 사람의 성격 • 101 수화기 아랫부분을 잡는 사람의 성향 • 102 대화 중에 두 손으로 자신의 볼을 감싸는 이유 • 103

| Chapter 03 | 행동으로 읽는 심리

약속 시간보다 지나치게 빨리 오는 사람 • 106 영수증을 구겨서 동그랗게 만드는 심리 • 107 반 이상 남은 담배를 비벼 끄는 심리 • 108 마주 보고 앉았을 때 물건을 옆으로 치우는 이유 • 109 담배를 꾹 눌러 끄는 행동의 이면 • 110 언제나 출입구 가까이에 앉는 이유 • 111 상대가 앉은 자리로 심리를 파악한다 • 112 잔돈이 생기지 않게 계산하는 심리 • 113 서서 대화를 마무리하려는 이유 • 114 대화 중에 자꾸만 물을 마시는 이유 • 115 곧바로 머리 숙이며 사과하는 사람을 믿지 말라 • 116 부지런히 술을 따르는 사람의 심리 • 118 전철역에서 하는 골프 연습의 의미 • 119 텔레비전 채널을 자주 바꾸는 이유 • 120 방 안을 구석구석 확인하는 이유 • 121 엘리베이터의 '닫힘' 버튼을 누르는 사람 • 122 전화할 때 종이에 낙서하는 심리 • 123 마감 직전에 다른 일을 시작하는 사람의 속마음 • 124 화려한

넥타이를 매는 사람이 가장 어필하고 싶은 부분 • 125　전철에서 가운데 자리에 앉으려는 사람의 심리 • 126　개인 물건을 회사에 가져다 놓는 심리 • 128　노래방에서 최신 유행곡만 부르는 사람 • 129　사람들이 모여 있는 곳을 지나치지 못하는 사람 • 130　더치페이를 지나치게 고집하는 사람 • 131　공식적인 자리, 덥지도 않은데 상대가 외투를 벗을 때 • 132　노래방을 늘 찾는 이유 • 133　단골 술집을 전전하는 사람 • 134　헤어스타일을 자주 바꾸는 사람 • 135　혼자 술 마시는 이유 • 136　단체 사진 찍을 때 서는 위치로 파악하는 심리 • 137　주로 쓰는 화장실 칸에 따라 다른 심리 • 138　지갑으로 보는 성격1 • 140　지갑으로 보는 성격2 • 141　신발 굽으로 보는 성격 • 142　텅 빈 카페, 중앙에 앉은 사람 • 143　회의를 자주 하고 싶어 하는 사람 • 144　용건도 없는데 장시간 통화하는 사람 • 145

| Chapter 04 | 표정과 말투에서 알 수 있는 속마음

끊임없이 이야기하는 사람은 숨기고 싶은 게 있다 • 148　종업원을 지나치게 큰소리로 부르는 이유 • 149　오른쪽 위를 본다면 거짓말을 하는지 의심해야 한다 • 150　대화 도중 갑자기 목소리 톤이 높아지는 이유 • 151　눈을 가늘게 뜨는 사람의 마음속 불쾌감 • 152　긴장된 상태에서도 하품을 할 수 있다 • 153　입을 다문 채 미소 짓는 사람을 주의해야 한다 • 154　눈과 입이 동시에 웃는 사람은 진심이 아닐 수 있다 • 155　이야기가 지루할 때 나타나는 반응 • 156　작은 목소리로 말하는 사람의 심리 • 157　농담에 바로 대응하지 못하는 사람은 숨기고 있는 것이 있다 • 158　눈을 자주 깜빡이는 사람을 추궁해서는 안 되는 이유 • 159　상대방이 말하는 속도가 느려졌다면 초조해하는 것이다 • 160　건망증이 심한 사람의 진짜 이유 • 161　대화 중 눈을 비비는 사람은 무언가 속이고 있다 • 162　대화 중에 상대의 눈을 계속 응시하는 이유 • 163　정말 눈은 거짓말을 하지 못할까 • 164　입술을 깨무는 행동은 스트레스 받고 있다는 표시 • 165   눈빛에 따라 다른 메시지 • 1166   곁눈질이 말하는 메시지 • 167   혀를 차는 행동으로 불만을 말하다 • 168   몸짓과 손짓을 섞어서 말하는 사람 • 169   남의 의견을 반대하기만 하는 사람의 속마음 • 170   입술의 움직임을 보고 밀어붙일 때인지 멈출 때인지 판단한다 • 171   무조건 'YES' 하는 사람의 속마음 • 172   혼잣말을 하는 이유 • 173   술 취했을 때 한곳을 물끄러미 바라보는 사람의 마음속 • 174   입을 크게 벌리고 웃는 사람이 의외로 소심하다 • 175   대화 중에 눈살을 찌푸리는 사람의 머릿속 • 176   언제나 주변을 두리번거리는 사람 • 177   넥타이를 다시 매는 행동은 자기주장을 위한 것 • 178   무표정한 얼굴 속 심리 • 179   자기의 이야기에 흥분하는 이유 • 180   말이 빠른 사람이 주의해야 할 점 • 181   대화 중 먼저 시선을 떼는 사람은 알고 보면 강한 사람 • 182   침 튀기며 이야기하는 사람에게 말려들지 말아야 한다 • 183   마마보이 성향을 확인하는 요령 • 184   남을 비난하는 사람의 콤플렉스 • 185   지인이 유명한 사람임을 강조하는 이유 • 186   변명이 많은 사람은 성공하기 힘들다 • 187

2부
사람을 움직이는 설득의 기술

| Chapter 01 | 인간관계를 바꾸는 법

타인의 마음을 편하게 하기 위한 질문을 던진다 • 192   진심과 반대되는 말로 마음을 전할 수 있다 • 194   사소한 것에 마음 쓰는 사람이 설득당하기 쉽다 • 195   타인과 쉽게 친해지기 위한 맞장구치기 • 196   대화 중간 중간 '우리'라는 말을 넣어라 • 197   선택지를 주면 상대를 설득하기 쉽다 • 198   칭찬할 때는 본인이 모르

는 장점을 칭찬하라 · 199 단점을 드러내서 신뢰를 얻는 법 · 200 'YES'라는 대답을 얻으려면 본론을 먼저 말하지 말라 · 201 처음 만난 사람과도 친근감을 형성하는 비결 · 202 분쟁을 없애는 심리 기술 · 203 설득력을 높이는 숫자 사용법 · 204 경험담을 이용해 상대의 호기심을 자극하는 법 · 205 고집이 센 사람에게서 긍정적인 답을 듣는법 · 206 동료 의식을 느끼게 화제를 던져라 · 207 시끄러운 장소에서는 속삭이듯 말하는 것이 효과적이다 · 208 비판하지 않고 지적하는 방법 · 209 부탁할 때는 이유를 붙여 말하라 · 210 얼굴의 왼쪽 부분에 속마음이 더 많이 드러난다 · 211 코를 보고 상대의 분노를 눈치채라 · 212 때로는 거만한 태도도 필요하다 · 213 시선을 마주치지 않는 사람의 속마음 읽기 · 214 중요한 사람처럼 보이는 법 · 216 악수로 좋은 인상을 남겨라 · 217 얼굴을 위로 들어라 · 218 영향력 있는 사람을 파악하는 법 · 219 고민하는 사람에게 말을 두 번 걸어라 · 220 의욕을 높이는 목표 설정의 비밀 · 221 도움을 줄 때는 직접적이고 단순한 말을 해라 · 222 본인이 없는 자리에서 칭찬하라 · 223 기가 죽은 동료에게는 '무조건 스트로크'가 효과적이다 · 224 날씨에 영향을 받는 심리 · 225 남의 잘못을 지적할 때 '나라면 ~할 텐데'라고 말하라 · 226 중요한 거래에서 '운명공동체'라는 말을 써라 · 227 어려울 때 다가가는 것이 더 효과적이다 · 228

| Chapter 02 | 상대를 설득하는 법

상담을 요청하면서 보이지 않는 주도권을 잡자 · 232 대답하기 어려운 질문으로 상대를 위축시켜라 · 233 대답하기 어려운 질문에는 '그쪽은 어떻게 생각하세요?' 하고 되받아친다 · 234 고개를 끄덕임으로써 상대를 기분 좋게 하자 · 235 앉는 자리에 따라 기분이 달라진다 · 236 거절할 이유가 생각나지 않을 때 · 237 '이것이'라는 지시대명사로 진부함을 없앤다 · 238 신뢰를 높이는 반복 효과 · 239 결

정적인 순간에 한 박자 쉬어라 • 240 '큰 부탁' 전에 '작은 부탁'을 먼저 하라 • 241 바쁜 사람이 당신의 이야기를 듣게 하기 위한 방법 • 242 말보다 침묵이 더 강할 때가 있다 • 243 쉽게 후회하는 사람이 더 설득하기 쉽다 • 244 속마음을 듣고 싶다면 푹신한 의자에 앉힐 것 • 245 같은 것을 다르게 보이게 하는 말의 속임수 • 246 상대의 경계심을 풀어 주는 조명 이용법 • 247 상대가 예상치 못한 것부터 이야기하는 설득 기법 • 248 결론을 처음과 마지막에 말하라 • 249 우울한 기분을 날려 버리는 말의 마력 • 250 말을 바꾸는 것만으로 자신의 가치를 올린다 • 251 군중 속의 얼굴 효과 • 253 '감사합니다' 하고 마음속으로 말하고 나서 입 밖으로 꺼낼 것 • 254 글을 읽는 유형으로 알 수 있는 성격 • 255 거울에 비친 자신의 모습을 확인하라 • 256 자신을 효과적으로 알리는 법 • 257 타인의 만족도를 높이는 애태우기 효과 • 258 칭찬에 약한 사람들의 공통점 • 259 마음과는 정반대로 행동하는 심리 • 261 '딱 5분만' 하고 범위를 한정하는 이유 • 262 예정된 시간대로 회의를 시작하기 위한 방법 • 263 '만장일치' 속에 숨겨진 함정 • 264 완벽한 기획이 반발을 유발하는 이유 • 265 상대에게 부담을 주어야 물건을 산다 • 266 비싼 물건을 사고 싶게 하는 대비 효과 • 267 약속 시간에 늦은 사람에게 미소 지어라 • 268 감정적으로 흥분한 사람을 상대하는 법 • 269 상대를 반발하게 해서 속마음을 알아내다 • 270

| Chapter 03 | 일 잘하는 사람의 심리 활용법

기획을 통과시키려면 버려질 후보 제안을 만들자 • 274 거래를 성사시키려면 만나는 시간의 횟수를 늘려라 • 275 화제가 막히지 않는 'T·W·H·N' 법칙 • 276 남을 불쾌하게 했을 때 빨리 풀어 주는 기술 • 277 명찰로 책임감을 강하게 만든다 • 278 약속 시간 엄수를 원한다면 딱 떨어지는 시간은 피하라 • 279 회의를 부드럽게 진행할때 원 테이블이 좋은 이유 • 280 의욕과 능력을 향상하는 목표 설정의 원

리 • 282 단결력을 높이는 기술 • 283 회의에 집중하기 쉬운 환경 만드는 법 • 284
살짝 턱에 손을 대고 말하면 성실한 인상을 준다 • 285 다리를 벌리고 앉으면 남
의 마음을 열기 쉽다 • 286 언짢은 표정을 짓는다고 해서 나를 싫어하는 것은 아니
다 • 287 설득력을 높일 수 있는 '미스디렉션' 비법 • 288 상대가 왼쪽 자리를 권
하는 이유 • 289 회사 책상을 자기 공간으로 꾸미는 사람은 책임감이 있다 • 290
팔짱을 끼고 있는 상사의 속마음 • 291 남의 이야기를 들으면서 무언가를 만지
는 이유 • 292 친근한 분위기로 이끌 수 있는 넥타이 연출법 • 293 무서운 얼굴
을 연기해 생각대로 일을 진행하는 법 • 294 과장된 행동으로 용기를 내자 • 295
거래 성사를 앞두고 상대방이 주춤할 때는 미소를 지어라 • 296 미완성된 말이 머
릿속에 더 잘 남는다 • 297 상대가 부탁을 거절하지 못하게 만드는 기술 • 298
상사의 예정보다 하루 빨리 일을 끝내라 • 299 자신의 의견을 쉽게 통과시키는 순
간 • 300 펜으로 상대의 주의를 집중시켜라 • 301 사람에 따라 다른 설득하기 좋은
시간대 • 302 상대를 혼낼 때 '대체 왜 그러니'라는 화법은 좋지 않다 • 303 전화로
하는 대화에서 쉽게 오해가 생기는 이유 • 304 옛날을 그리워하는 상사를 치켜세우
라 • 306 상사의 불합리한 지시를 피하는 방법 • 307 상품에 대해 좋은 이미지를
심어 주는 방법 • 308 화난 고객을 진정시키는 목소리 • 309 언제나 상대보다 먼저
명함을 내미는 사람의 속마음 • 310 능력 있는 영업 사원은 가장 중요한 순간에 눈
을 내리뜬다 • 311

| Chapter 04 | 나와 다른 이성의 마음을 얻는 법

화술에 뛰어나지 않다면 상대방을 따라하라 • 314 만나자마자 여자 친구의 옷을 칭
찬하는 이유 • 315 속마음을 털어놓게 하는 가벼운 터치 • 316 미팅에서 마음에
드는 사람을 발견하면 테이블 모서리 쪽에 앉아라 • 317 손으로 입술을 가리는 여

성의 속마음 · 318　어떤 반려동물을 기르는지를 보면 알 수 있는 심리 · 319　마음에 드는 이성과 식사 할 때 같은 음식을 주문하라 · 320　고백할 때는 다리 위에서 하라 · 321　친밀한 분위기를 조성 하는 최적의 조명 · 322　상대방의 손을 잡고 이야기하라 · 324　상대방이 어느 자리에 앉는지를 보고 호감을 파악한다 · 325　여성이 망설일 때 대처법 · 326　옷차림으로 심리를 유추하다 · 327　화장이 진한 여성의 자기중심주의 · 328　기다리는 모습으로 알아채는 호감도 · 329　발끝이 어디를 향했는지로 보는 상대의 마음 · 330　나약한 모습을 연출하는 효과 · 331　남성을 애태우는 여성의 심리 · 332　음식을 혼자 멋대로 주문하면 호감이 없다는 뜻 · 333　데이트 중 '재미있는 거 없어?'라는 말을 주의하라 · 334　눈빛으로 호감을 알아차린다 · 335　여성의 시선을 착각하지 마라 · 336　자꾸만 자신의 머리카락을 만지는 여성의 속마음은? · 337　상대가 줄담배를 피운다면 기분이 좋지 않다는 뜻 · 338　손으로 턱을 괴고 있을 때 심리 상태를 알기 · 339　정수리를 만지는 여자 친구의 신호를 알아차려라 · 340　우울한 남성의 마음을 사로잡는 스킨십 · 341　고개를 갸웃한다면 이야기에 흥미가 있다는 뜻 · 342　거짓말을 알아차리려면 귀를 보라 · 343　신발을 반쯤 벗은 채 다리를 흔들거리는 사람은 주의할 것 · 344　두 사람이 나란히 걸을 때 알 수 있는 호감도 · 345

1부

사람의
말투와 태도에서
나타나는 속마음

| Chapter 01 |

감추어진 속마음

'절대'하고
단언하는 이유

"절대 틀림없다니까!" 하고 확신에 차 단언하는 경우는 흔하지 않다. 예를 들어 "KTX를 타면 내일 아침 회의에 절대 늦지 않을 거야"라고 했지만, 어떤 일이 생겨 열차가 연착될 수 있고 도중에 사고가 생기거나 어떤 사건에 휘말릴지도 모른다.

이렇듯 예측할 수 없는 상황이 일어날 수 있는 작은 가능성을 알면서도 '절대'라고 단언하는 이유는 자기 생각이 옳다고 주장하고 싶은 자의식의 표현이며, 심리학 관점에서 보면 그 내면에는 자신 없는 감정이 숨겨져 있다.

자신이 보고 들은 것을 '틀림없다'고 주장하는 것은 괜찮은 편이지만 이제부터 일어날 일에 대해 '절대로 틀림없다'고 단언하는 것은 다른 사람이 아닌 자신감이 없는 자신을 향해 '괜찮다'고 되뇌는 것이다.

특히, 확실한 근거도 없으면서 '절대로 틀림없어'라는 말을 자주 하는 사람은 그때의 감정에 따라 의견이 좌우되는 경향이 있으니 이런 사람과 함께 일할 때는 시간을 두고 재확인해 보는 것이 좋다.

오래 알고 지낸 사이인데도 존댓말을 쓰는 이유

손윗사람이나 직장 상사와 이야기를 할 때는 누구나 존댓말을 사용한다. 이는 상대에 대한 예의를 갖추는 마음의 표현이자 사회인으로서 상식이기도 하다.

그러나 오랜 시간 알고 지내면서 서로 잘 아는 사람에게 필요 이상으로 존댓말을 쓰는 이유는 예의 문제만이 아닐 수 있다. 타인과 일정한 거리를 두지 않으면 불안해지는, 경계심이 강한 사람일지도 모른다.

대부분의 사람은 처음 만난 사람과는 존댓말을 사용하지만 자주 만나 가까워지면 편하게 말을 놓기 마련이다.

직장 동료에게도 "○○씨, 이것 좀 부탁해요." 하다가 나중에는 "○○씨, 이것 좀 부탁해!" 하고 편하게 말을 놓기도 한다. 이것은 서로에게 마음을 열었으며 신뢰가 쌓였다는 뜻이다.

그런데 어느 정도 친해졌는데도 존댓말을 쓰는 사람은 타인과의 관계가 깊어지는 것을 진지하게 생각하므로 친해지는 데 상당한 시간이 걸린다.

이런 사람은 상대방이 자신의 기분을 무시하는 듯한 행동을 하거나 서슴없이 반말을 쓰면 오히려 관계가 틀어질 수 있다. 만일 자신에게 필요한 사람이라면 어느 정도 거리를 두고 교제하는 것이 현명하다.

'얼마나 고생했는데'가
말버릇인 사람의 성향

"말도 마, 이번 프로젝트 정말 고생했다니까?" 하며 얼마나 시간이 오래 걸렸는지, 힘든 점은 얼마나 많았는지를 자세히 설명하고 싶어 하는 사람은 무의식적으로 자신의 실력을 과대평가하려는 경향이 있다.

심지어 상대가 물어보지 않았는데 힘들었다고 반복해서 말하는 사람치고 정말로 어려웠던 경우는 거의 없으며 조금만 더 노력하면 소화할 수 있는 경우가 많다.

그러나 "고생했지만 나 혼자 별 탈 없이 마무리 지었지.", "굉장히 어려웠지만, 끝까지 해냈다니까?" 하며 자신의 성과를 과장하다 보면 별것 아니던 일이 자신도 모르게 어려운 일로 느껴지고 그것을 완수한 자신을 실제 이상으로 평가하는 것이다.

이런 사람은 특히 평가 시기가 가까워지면 일 처리 능력을 주변에 알리고 싶어 한다. 이럴 때는 너무 신경 쓰지 말고 그냥 들어 주기만 해도 만족할 테니 적당히 응해 주자.

뜸 들이는 말투에
숨겨진 의미

　누군가 "이 자료는 책상 위에 올려 두면 되나요?"라고 물었을 때, "아… 자료 말이죠, 어… 그럼 그렇게 해 주시겠어요?"처럼 곧바로 대답하지 못하고 뜸 들이며 말을 하는 사람이 있다. '아…' 혹은 '어…'를 연발하기도 한다. 단순히 말을 시작할 때의 입버릇으로도 보이지만 이런 사람은 의존심이 많은 유형으로 혼자 행동하는 것이 서툰 어린아이 같다.

　뜸 들이는 말도 깊은 뜻이 있는 건 아니다. '어…' 하면서 머릿속으로 진지하게 다음 행동을 생각하는 거 같지만 그렇지도 않다. 다만 자기가 처한 상황을 남이 이해해 주고 자기편이 되어 주기를 바라는 것뿐이다. 주변에 이런 말을 자주 하는 사람이 있다면 그가 안심할 수 있는 단순한 말을 건네라. 예를 들면, 그의 무의식적 불안이 가라앉도록 '그렇구나', '괜찮을 거야'와 같은 말을 해 주면 효과적이다.

　만약 자신이 그런 말투를 쓴다면 주의할 점은 상사에게 보고할 때 뜸 들이는 말투를 연발하지 않도록 하는 것이다. 기획안을 발표할 때나 앞으로의 계획을 설명할 때 등은 몰라도, 이미 결정된 일이나 사후 보고를 할 때도 뜸 들이는 말투를 연발하면 신빙성을 떨어뜨릴 수 있으니 주의해야 한다.

'말하자면'을 쓰면 똑똑해 보인다

대화 중에 필요 이상으로 '말하자면'이라는 말을 하기 좋아하는 사람이 있다. 이런 사람은 자기주장이 강하고 이론을 따지기 좋아하는 유형이 많다. 한창 대화 중에 갑자기 어떤 말을 해야 할지 막막해졌을 때, '말하자면'이라는 말로 이야기를 정리한 다음 대화를 진행하려는 것이다.

자기주장이 강하고 이론 따지기를 좋아한다는 인상을 주어서 부정적인 느낌이 들지만, 시각을 달리해서 보면 논리적인 사람이라는 인상을 줄 수 있다. 평소 대화 중에 '말하자면'을 연발하는 사람에게 이성적이고 논리적인 사람이라는 이미지를 갖는 것도 이런 이유이다.

하지만 말을 잘하는 사람 중에도 알고 보면 요점 정리를 잘하지 못하는 사람도 있다. 이들은 그저 자기주장이 강하고 이론을 좋아하는 사람인 경우가 많다. 그러니 '말하자면'을 연발하는 사람이 있다면 이 점을 주의해 보는 것이 중요하다.

반대로 자신이 그 말을 사용할 때는 상대에게 똑똑하다는 인상보다 이론 따지기를 좋아하는 사람이라는 인상을 먼저 주는 것은 아닌지, 주의할 필요가 있다.

'말하자면' 다음에 이어지는 대화에 따라 인상이 달라진다

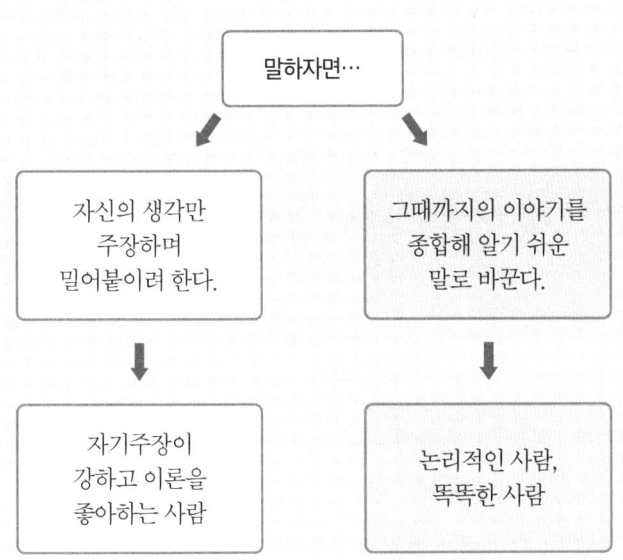

'아무튼'이라고 하면
이야기를 끝내라

바쁠 때 걸려 오는 영업 전화처럼 짜증 나는 것도 없다. 상대방의 의사는 묻지 않고 기관총처럼 말을 쏟아대는 그들에게 필요 없다고 단호하게 거절하면서 바로 전화를 끊는 사람도 많을 것이다.

이런 성가신 전화처럼 상대방이 일방적으로 언제 끝날지도 모르는 이야기를 쏟아낼 때 그 흐름을 자를 수 있는 효과적인 방법이 있다.

'아무튼'이라는 말로 흐름을 끊으면서 자신이 이야기하기 시작하는 것이다.

이 말은 더는 그 화제에 대해 말하고 싶지 않다는 의미로 대화를 일방적으로 끝내는 효과가 있다.

남의 말을 중간에 자름으로써 불만을 나타내고 어조에 따라서는 '내 말을 들어 보라고!' 하며 상대에게 위압감을 줄 수 있다.

"아무튼, 지금은 바빠서 통화할 수가 없네요." 하면 끈질긴 영업 사원도 너는 말하기 어려울 것이고 본인도 기분 상하기 전에 전화를 끊을 수 있을 것이다.

만약, 전화를 거는 쪽일 때 상대가 '아무튼'이라는 말을 꺼냈다면 미련 없이 물러서야 한다.

'우리끼리만 하는 얘기'라는 말에 주의하라

"우리끼리니까 하는 얘기인데…" 하고 마음을 털어놓거나 고민 상담을 하려는 사람은 가까워지고 싶거나 관계가 더욱 깊어지기를 바라는 것이다.

안 지 얼마 되지 않은 사람이 갑자기 "우리끼리니까 하는 얘긴데…" 하면 당혹스러울 수 있다. 하지만 반대로 어느 정도 친분이 있는 사람이 그 같은 말을 한다면 자신을 신뢰한다는 생각에 기쁠 것이다. 어느새 마음을 열고 "실은 나도…" 하며 자신에 관한 이야기를 할지도 모른다.

이는 심리학에서 말하는 '자기개시 반보성(返報性)'이라는 현상으로 누군가 개인적인 이야기를 털어놓으면 자신도 상대에게 자신의 이야기를 하는 것을 말한다.

즉, 우리끼리니까 하는 얘기라며 말을 꺼내는 사람은 친해지고 싶은 마음에 무의식적으로 자기개시 반보성을 이용해 비밀스러운 이야기를 꺼내는 것이다.

하지만 무조건 친해지고 싶다는 순수한 마음이 아닌 누군가의 정보를 알아내기 위해 이런 말을 하는 때도 있으니 이야기를 꺼내기 전에 먼저 그 사람의 속마음을 냉정히 판별하는 것이 좋다.

'시간이 없어서'를 남발하는
사람은 일을 못한다

그다지 급한 일도 아닌데 늘 시간이 없다고 핑계를 대면서 바쁜 듯 부산스레 움직이는 사람이 있다. 언뜻 보면 일을 척척 완수해 나가는 듯이 보이지만, 실은 이런 사람은 시간을 효율적으로 사용하지 못해 일을 깔끔하게 끝내지 못하고 흐지부지 처리하는 경우가 많다.

그리고 수첩 등에 일정을 가득 적어 놓고 바쁘다거나 시간이 없다는 말을 연발하며 부산을 떨어 정말 바쁜 것처럼 보이지만 꼭 그렇지만도 않다. 여유가 생기면 오히려 남의 일에 참견하느라 바쁘다.

그래서 정작 자신이 해야 할 일에 차분히 집중할 수 있는 시간이 없어져 일을 끝까지 완수하지 못하고 슬쩍 손만 댄 채 끝내고 만다.

'다른 사람 일을 돌아볼 시간이 있으면 간단한 일부터 처리하면 될 것을…' 하고 주변 사람들은 의아해하지만, 정작 본인은 너무 바빠 시간이 없다고 한다. 바쁜 모습을 보임으로써 남들에게 인정받고 싶은 것이다.

이런 사람에게 일을 부탁할 때는 우선, 그가 말하는 바쁜 사정을 인정해 주는 것이 좋다. '바쁠 때 미안한데…' 하며 말을 꺼내면 의외로 부탁을 들어줄 것이다.

'그래서…'를 연발하는 사람들의 공통점

　대화의 소재가 끊이지 않아 함께 있으면 마냥 즐겁고 지루하지 않은 사람이 주변에 꼭 한 명은 있기 마련이다. 두뇌 회전이 빨라 이 이야기에서 저 이야기로 새로운 화제를 제공해 흥을 돋울 줄 아는 사람은 인간관계도 다양하고 넓다.

　이들을 유심히 관찰하면 대화 중에 '그래서 말이야', '음…그래서 있지'와 같이 '그래서'라는 말을 자주 쓴다. 사실 이런 말은 싫증을 쉽게 내는 성급한 사람의 특징이기도 하다. 잇따라 일어나는 일들 앞에서 적절한 대응을 할 수 있는 건 적응력이 뛰어나기 때문이다. 하지만 다른 시선으로 본다면 매사에 집착하지 않고 쉽게 싫증 내는 성격이라고도 할 수 있다.

　덧붙이면 이런 사람들의 친한 친구 중에는 오히려 행동이 느리고 느긋한 성격의 사람이 꼭 한 명씩은 있다.

　어떻게 저 두 사람이 친구일까 알 수 없을 정도로 물과 기름같이 어울리지 않는 조합으로 보일 수 있다. 그러나 쉽게 싫증 내고 성급한 사람은 자칫 자기중심적이거나 허세를 부릴 수가 있으니 이런 자신을 진정시켜줄 수 있는 사람에게 무의식적으로 끌리는 것이다.

'혹은', '아니면'이
입버릇인 사람

　오후 일정을 묻는 말에 "외출하거나 아니면 미팅이 있을지 모르니 자리를 비울 것 같습니다." 하고 대답하는 사람은 매사를 합리적으로 생각하는 유형이다.
　'혹은'이나 '아니면'을 자주 사용해 한 번에 두 가지 상황을 한꺼번에 말하는 것은, 일일이 설명하는 수고를 덜고 싶어 하며 합리적인 것을 지향하는 심리의 표현이다. 깐깐하다고 말할 정도는 아니지만, 시간과 체력을 낭비하는 것을 싫어하는 사람에게서 많이 볼 수 있는 말버릇이다.
　가끔 주변 사람에 대한 배려가 없거나 자신만의 논리를 밀어붙이거나 자기 위주로 일을 처리하기 위해 억지 이론을 내세울 때도 있어 다른 사람과 충돌하는 일이 많다. 제멋대로인 사람이라는 인상을 줄 수 있는 것도 이러한 유형이다.
　이런 사람과 의사소통을 잘하기 위해서는 되도록 불필요한 말은 빼고 적절한 표현을 하는 데 신경 쓰는 것이 매우 중요하다.
　먼저 결과부터 말한 뒤에 핵심을 중심으로 설명하면 자신의 의견도 순조롭게 전할 수 있을 것이다.

'알지 모르겠지만'이라고 말하는 사람의 속내

　대화 중에 "넌 잘 모르겠지만 이게 이런 거거든…"이라는 말을 들으면 누구라도 기분이 언짢아지기 마련이다. 마치 자기만 알고 있다는 듯한 얼굴로 그럴듯하게 말하는 사람이 있지만 정작 본인조차 완벽히 이해하지 못하는 경우가 많고 불확실하거나 추측인 경우도 있다.

　대화는 두 사람 이상이 이야기를 주고받음으로써 성립하는 것이지 한쪽이 일방적으로 말하면 대화가 아니다. 그런데 상대가 전혀 지식이 없는 방면에 대해 이런 말을 하면서 설명하는 건 거꾸로 자신도 잘 모른다는 사실을 상대에게 들키고 싶지 않고 감추고 싶다는 뜻이다. 아니면 반대로 자신의 지식을 자랑해 상대와 차등을 두려는 심리이다.

　그러니 이런 말을 많이 하는 사람의 이야기는 진실과는 거리가 멀다고 생각하는 편이 낫다. 단, 그 자리에서는 적당히 맞장구치며 들어 주는 것이 원만한 관계를 유지하는 방법이다.

'~에 대해 어떻게 생각해?' 하며
자기 자랑을 늘어놓는 사람

    자동차에 대한 이야기 도중 상대가 "하이브리드 자동차 어떻게 생각해?"라는 질문에 "연비가 좋다던데?" 하고 답하자마자 "실은 나 샀거든" 하며 자기 자랑을 시작하는 사람이 있다.

    이런 사람은 자기애가 강한 경향이 있으며 처음부터 단도직입적으로 "나 그 차 샀어"라고 하지 않는다. 일단 "그 차 어떻게 생각해?" 하고 질문을 던져 상대가 긍정적으로 생각하는 것을 확인하면 자랑을 시작한다.

    상대방은 "좋다던데?" 하고 긍정한 자신의 의견을 뒤집을 수는 없으니 묵묵히 자랑을 들을 수밖에 없다. 자랑하는 사람은 자기 생각대로 하고 싶은 말을 마음껏 할 수 있어 자아도취에 빠지게 된다. 이런 자랑 없이 상대와의 대화를 이어가고 싶다면 자동차에 관한 일반적인 화제로 돌리는 것도 방법이다.

    전에 타던 자동차는 이땠는지, 연비나 힘은 좋았는지 등 다른 사람들도 함께 이야기하기 쉬운 화제로 돌리면 대화가 한쪽으로 치우치지도 않고 일방적으로 이야기를 들어야 하는 일도 생기지 않으니 감정 상하는 일도 없을 것이다.

'~생각하고 있습니다' 하는 사람

정치인이 "그 부분은 검토하려고 생각하고 있습니다"라고 말할 때가 있다. 하지만 개선의 의지가 없는 경우가 많다. 듣는 이 또한 어차피 안 될 거라 생각하며 믿지 않는다.

왜냐하면, '~하려 생각하고 있습니다'라는 말 속에는 100% 장담할 수는 없다는 의미가 포함되어 있어 확신하지 못할 때 둘러대는 말이다. 그래서 처세술에 능한 사람일수록 자기도 모르게 그 같은 말을 반복하기 마련이다.

이런 사람은 결단력이 없지만, 그에 반해 현재 자신의 위치를 지키는 데 능하다. 그리고 만에 하나, 실패했을 때를 대비한 방법을 완벽히 준비해 놓는다. '만약에', '혹시라도'와 같은 말도 '검토하려고 생각하고 있습니다'와 마찬가지로 이런 사람들이 자주 하는 말이다.

부하 직원 중에 이런 사람이 있다면 자주 미팅하거나 정기적으로 보고하도록 해서 소속 의식을 심어 주자. 고독감이 깊어지면 자신의 안전을 걱정하는 것이 이 같은 사람들의 특징이기 때문이다.

'하지만'이 입버릇인
사람의 속마음

　대화 중에 '하지만'이라는 말을 자주 들으면 기분이 유쾌하지 않기 마련이다. 이 말을 입버릇처럼 자주 하는 사람은 의심이 많고 매사에 신중하다. 진지하게 사물을 바라보고 생각하여 결정하기 때문에 남의 말을 듣고 동의하기보다 신중하게 판단하려는 것이다.

　뭔가 모순된 점이 있다고 생각하면 "하지만 ~지 않나요?" 하며 그 부분을 지적한다. 이들은 남을 시기하고 의심하는 마음도 강하기 때문에 친해지는 데 시간이 걸린다. 만약, 이들의 신뢰를 얻고 싶다면 '하지만' 하고 그들이 의문이나 반론을 제기했을 때, 정중하게 대처해야 한다.

　그의 의견이 옳다면 "그 말씀이 맞네요." 하고 순순히 인정하고 그렇지 않다면 그가 이해할 때까지 차분히 설득하는 것이 중요하다. 그의 불안 요소를 없애고 설득시킬 수 있다면 당신에 대한 신뢰가 조금씩 생길 것이다.

　반대로, 당신에게 부정적인 말을 했다고 시비조로 대답하면 고집을 부리며 쉽게 마음을 열어 주지 않는다.

'그런데', '그렇지만'이 입버릇인 사람의 말은 기대하지 말라

　옛날에는 손윗사람의 말을 부정하거나 반박하는 사람은 언짢게 생각했다. 지금도 나이가 있는 직장 상사 중 일부는 부하 직원이 반박하면 금방 나무란다. 반박하는 사람 중에는 무조건 '그런데', '그렇지만'이라는 말로 부정을 표현하는 사람이 있다. 핑계를 대거나 말대꾸할 때뿐 아니라 한껏 대화가 고조되어 있을 때 '그런데' 하며 중간에 끼어들거나, '그렇지만' 하고 자신의 의견을 말하기도 한다.

　이런 경우 '그런데'와 '그렇지만'은 남의 의견을 부정하는 의미도 있지만, 그보다는 부정적인 말을 함으로써 모두의 주목을 받고 싶은 의식이 강해서이다. 즉, 이런 말이 입버릇인 사람은 자기과시욕이 강한 경향이 있다.

　그렇다고 그런 말 뒤에 전에 없던 기발한 아이디어를 말하는 것도 아니므로 너무 기대하면 실망도 클지 모른다. 따라서 '그런데'와 '그렇지만'을 연발하는 사람은 입버릇이라 생각하고 처음부터 기대하지 않는 편이 현명하다.

'역시'를 연발하는 이유

세계 공통언어인 영어와 비교했을 때, 한국어는 배우기 어렵다고 한다. 한국어는 여러 의미로 쓰여 편리하지만 모호한 말이 많아 처음 한국어를 접하는 외국인은 적잖이 어려움을 겪는다.

우리가 잘 쓰는 '역시'도 그런 어려운 말 중 하나이다. '역시 그게 아니잖아.', '역시 네 말이 맞았어.' 등, 화자가 어떤 의미로 말하느냐에 따라 부정으로도 긍정으로도 뜻이 전해지기 때문이다.

그리고 '역시'라는 말을 자주 쓰는 사람은 매사를 임기응변으로 넘기는 사람도 많다. 즉, 하나에 집착하거나 고집하지 않는 대담한 성격이다. 설령 자신의 주변 상황이 빠르게 변화해도 잘 적응할 수 있다.

하지만 일상생활 속에서 '역시'를 너무 많이 쓰면 의견이 수시로 변하는 일관성 없는 사람으로 보일 수도 있다. 이런 사람을 대할 때는 가벼운 마음으로 대하면 원활한 관계를 유지할 수 있다.

언제나 남을 긍정하는 사람, 알고 보면 고집불통

직장이나 가정, 사회생활에서 모든 인간관계를 원만하게 유지하기 위해서는 남의 의견을 무조건 부정하지 말아야 한다. 비록 상대가 100% 틀렸다 해도 우선은 그의 이야기를 듣고 긍정하고 난 뒤에, 냉정하게 반론을 전개하는 것이 현명한 대처법이다.

이를 거꾸로 생각하면 자신의 의견에 긍정하는 사람이라 해서 반드시 찬성한다는 뜻은 아니라는 이야기이기도 하다.

예를 들면, '그건 그래'가 입버릇인 사람은 의외로 고집이 강해 자신의 의견을 밀고 나가려는 유형이 많다.

이런 사람들은 처음에는 남의 말에 긍정을 나타내지만, 나중에는 자기 생각을 쏟아낸다. 그렇게 자신이 내뱉은 말은 누가 뭐래도 굽히거나 양보하지 않는 고집스러운 면이 있다. 언뜻 보기에 겸손하고 성격 좋아 보이지만 실은 대화의 고급 기술이 감추어져 있다. '그건 그래'라는 말을 경계할 필요는 없지만, 상대방이 다른 꿍꿍이가 있을 수 있다는 점은 염두에 두자.

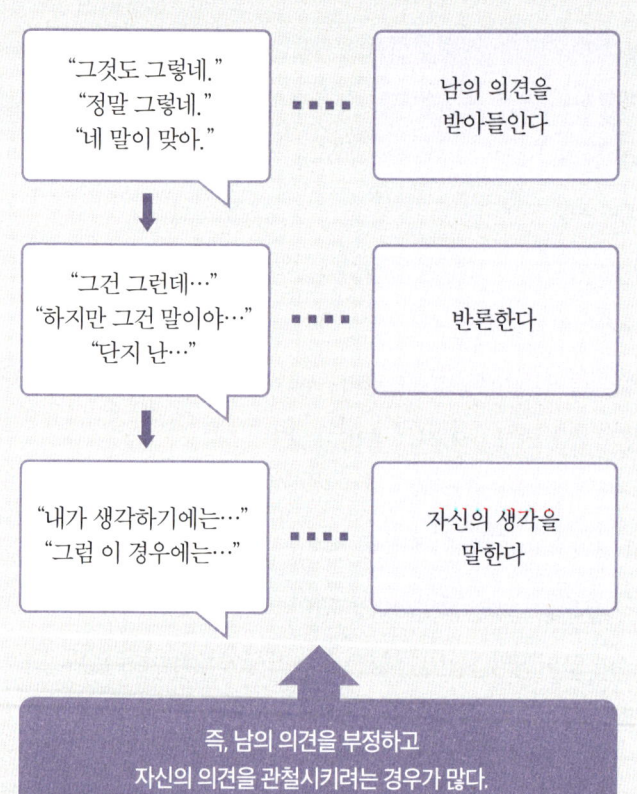

말을 시작할 때, '자, 그럼' 하는 사람의 마음

아나운서가 자주 사용하는 말 중에는 일상생활에서는 그다지 사용하지 않는 말이 몇 가지 있다. '자, 그럼'도 그중 하나다.

이 말은 화제를 바꿀 때 사용하는 말로, 친한 사람과의 대화보다 공식적인 자리에서 많이 쓴다. 굳이 쓴다면 "자, 그럼 이제 갈까요?" 정도이다.

그런데 일상대화에서도 그런 말을 잘 쓰는 사람이 있다. 이야기의 흐름이나 그런 말로 이야기를 정리하거나 분위기를 환기할 대화가 아니지만, 입버릇처럼 하는 것이다.

이런 사람은 꼼꼼하고 융통성이 없는 성격일 가능성이 크다. 질서를 중시하는 고지식한 성격으로 '자, 그럼'과 같은 말을 함으로써 상황을 정리하려는 것이다. 유머나 재치가 잘 통하지 않는 유형이기도 하다.

당연히 그런 사람의 말은 재미가 없거나 '자, 그럼'이라는 말로써 분위기를 깬다.

게다가 이런 사람은 나이나 지위에 따른 서열을 중시하는 경향이 있어 손아랫사람이 존댓말을 쓰지 않으면 굉장히 화를 내기도 한다. 따라서 '자, 그럼'이 입버릇인 사람에게는 예의 있게 대하는 게 문제를 일으키지 않는 방법이다.

'의외로'를 즐겨 쓰는 사람은
즉흥적인 사람

 절대 도를 지나치지 않고 성실하고 진지한 사람은 재미가 없다. 그렇다고 호기심이 왕성해서 남에게 조금 민폐가 되는 정도는 전혀 신경 쓰지 않는 사람도 대하기 힘든 존재인 것은 마찬가지다
 "○○씨, 의외로 좀 하던걸?", "그 사람 말이야, 의외로 외모를 보더라고", "이래 봬도 저 의외로 굉장히 꼼꼼해요" 등 주변에 '의외로'라는 말을 자주 사용하는 사람이 있다면 바로 그가 산만한 사람일 수도 있다.
 '의외로'라는 말은 말 그대로 의외성이 담겨 있다. 이 말이 입버릇이라는 건 고정관념에 사로잡히지 않고 활동적으로 변화하고 싶은 욕망이 있다는 뜻이다.
 이런 사람들은 선입견에 얽매이지 않는 독특한 아이디어를 잘 떠올린다. 즉흥적으로 떠오르는 단편적인 생각일 때도 많아서 너무 의지하지 않는 편이 좋으나, 직장에서 한 명쯤 있으면 '의외로' 많은 도움이 될 수도 있다.

'그러니까~' 하며 막무가내로 말하는 사람의 심리

　대화의 분위기가 무르익으면 주도권을 잡으려는 사람이 꼭 있다. 고민 상담을 들어 주고 있었는데 문득 정신을 차려 보면, 반대로 그 사람의 흐름에 말려서 나중에는 같이 있던 사람들 전부가 그의 이야기를 듣고 있는 경우도 흔한 예이다.

　이렇게 자기중심적인 사람은 말머리에 '그러니까'라는 말을 자주 사용한다. 남이 말하는 중간에 끼어들어 "그러니까 그건 말이야…" 하며 대화의 흐름을 자기 쪽으로 유도하기도 하고, 서로 다른 의견으로 대화가 시끄러워지면 "그러니까, 요점은 이런 거야…" 하며 억지로 결론지으려 한다. 이처럼 이 말은 상대에게 자신의 주장만을 내세우는 제멋대로인 인상을 준다. 무심결에 이 말이 튀어나오는 사람은 단편적인 사고밖에 할 수 없거나 남을 깔보는 거만한 면이 있다.

　자기주장이 강한 것은 좋다. 그러나 모든 것이 자기중심으로 돌아가지 않으면 견디지 못한다면 철없는 어린아이와 다를 바 없다.

'여전하구나', '변함이 없네'가 말버릇인 사람은 무신경하다

오랜만에 만난 친구한테 "오랜만이다, 잘 있었어?" 하는 인사가 일반적이지만 만난 지 얼마 되지 않았는데 "여전하구나" 하는 사람이 있다. 이처럼 어떻게 지내는지 듣지도 않고 변함없다고 단정 지어 버리는 사람은 남의 기분을 헤아리지 않는 무신경한 사람이다. '변함없다'는 말 중 '없다'는 말은 부정적인 뉘앙스를 풍기기도 하고 빈정거림이나 가벼운 비웃음이 숨겨져 있기도 한다.

즉, 남의 상황을 알려 하지 않고 무작정 이런 말을 하는 사람은 남의 감정을 전혀 생각하지 않는 무신경한 사람이다.

'여전하신가요'와 '변함없으시네요'라는 말은 청자로서 그 느낌이 많이 다르다.

혹시 아무 생각 없이 이 말을 쓰는 사람이 있다면 이제부터라도 고치는 것이 좋다.

상대를 '그쪽'이라 부르는 사람의 심리

"그쪽의 신제품이 평가가 좋더군요"처럼, 다른 집단에 대한 호칭을 '그쪽'이라 부르는 사람이 있다.

본래 '그쪽'이라는 말은 청자와 가까운 곳을 가리키는 지시대명사이면서 듣는 이나 듣는 이를 포함한 집단을 가리키는 이인칭 대명사이다. 개인을 지목해 쓰는 일은 거의 없다.

그런데 상대를 이름이 아닌 "그쪽은…" 하고 부른다는 것은 그 사람에게 별다른 관심이 없거나 호의가 없을 가능성이 크다.

보통 "○○씨는 오늘 어떡하시겠어요?", "그럼 당신은 어떡하실래요?" 하고 그 사람의 이름을 부르거나 '당신', '너'처럼 상대를 지칭하기 마련이다. 하지만 "그쪽은 어떡하시겠어요?" 하는 사람은 상대를 받아들일 뜻이 없는 것이다. 그래서 자신도 모르게 '당신'이 아닌 '그쪽'이라 부르는 것이다.

더러는 알게 된 지 얼마 되지 않은 사람에게 쑥스러움을 감추려는 마음에 '그쪽'이라 부르는 사람도 있지만 만나는 횟수가 늘어도 여전히 그런 호칭을 사용한다면 더는 친해지기 힘들다고 생각할 수 있다.

'자네한테는 어려울지 모르지만' 하는 직장 상사의 속마음

"자네라면 안심할 수 있으니까 믿고 맡기는 거네, 부탁하네"와 "자네한테는 좀 어려울지도 모르지만 일단 좀 부탁하네"라는 말은 부탁받은 부하 직원이 일을 대하는 태도에 커다란 차이가 생긴다.

하지만 일의 성과만을 놓고 보면, '자네에게 맡기면 안심'이라는 말을 들은 경우와 '자네에게는 어려울지도'란 말을 들었을 때의 차이는 그다지 크지 않다. 오히려 후자 쪽이 자신을 무시했다는 생각에 자극을 받고 실력 이상의 성과를 올리기도 한다.

'자네에게는 어려울지도'와 같은 말을 하는 상사는 미움받기 쉽다. 하지만 미움을 받더라도 부하 직원의 잠재 능력을 자극할 수 있다.

즉, 유능한 상사일수록 '자네에게는 어려울지도'라는 말을 적재적소에 사용할 줄 안다는 것이다. 부하 직원 중에는 자신감을 잃고 자신을 비하하는 사람도 있을 테고 모두가 반항심에 일을 잘하려 드는 것은 아니기 때문이다.

이런 말을 들었다면 화가 치밀어 오르는 감정을 참고 일에 몰두하는 것이 좋다. 상사가 기대하는 이상의 성과를 내고 당신에 대한 평가가 올라가면 그야말로 일석이조이다.

회의에서 '난 그런 말 들은 적 없다'는 사람의 심리

회의에 들어가면 "난 그런 말 들은 적 없는데?" 하고 대화를 끊으며 간섭하는 상사가 꼭 있다. 회의 내용에 대해 사전에 의논하지 않았음에 화가 나 있는 것이기도 하지만, 실은 자기가 부하 직원들에게 소외되고 있음을 넌지시 보여주는 것이다.

자기가 부하와 동료에게 미리 상담해도 별 의미 없는 존재로 여겨지고 있음을 희미하게나마 느끼고 있기 때문이다.

회사의 커뮤니케이션은 유익한 정보를 가진 사람이나 일에 영향력이 있는 사람을 중심으로 이루어지기 마련이다. 즉, 회의 내용에 대해 사전에 논의하는 자리에 불리지 않은 상사는 커뮤니케이션의 범주에서 제외된 것이다. 바꿔 말하면 이미 그 사람은 회사에서 영향력을 발휘하지 못하는 존재라는 뜻이다.

이런 사람은 옹고집 구석이 있으니 주변에서 먼저 말을 걸어와 주면 굉장히 기뻐한다. 만일, 자신이 따돌림을 받고 있다고 느낀다면 적극적으로 커뮤니케이션의 범주 안으로 들어가야 한다.

'당신을 믿는다'는 말을 반복하는 사람을 주의해라

비즈니스는 신용과 신뢰 없이 성립될 수 없다. 부하 직원을 신뢰하지 못하면 일을 맡길 수 없고, 기업을 신용하기 때문에 거래하는 것이다.

하지만 신용이나 신뢰라는 말을 남발하는 사람은 경계하는 것이 좋다. 이런 말을 가볍게 사용하는 사람은 모든 상황을 자신의 편의대로 해석하는 경우가 많기 때문이다.

예를 들어 아무리 생각해도 자신의 능력으로 처리하기 벅찬 일을 상사에게 부탁받았다고 가정해 보자. 무리라며 거절했지만, 상사가 "자넬 믿으니 괜찮을 거야"라는 말에 결국 일을 맡았는데 완수하지 못하고 만 것이다. 그러면 상사는 부하 직원에 대해 "믿었는데 실망이다"는 말을 하거나 그런 생각을 할 가능성이 크다. 신뢰나 믿음이라는 말을 경솔하게 입에 올리는 사람은 간단히 남을 믿는 경향이 있고 상황이 나쁘게 돌아가지 않을 거라 생각하고 믿는다.

그러다 나쁜 일이 생기면 믿었는데 배신당했다며 원망한다.

말을 시작할 때 '어…'가
버릇인 사람의 심리

　말을 시작할 때 "어…"라고 하는 사람은 설득하기 어렵다고 생각해도 무방하다. "어…"라는 말로 이야기가 본론으로 접어드는 것을 미루는 동시에 머릿속으로는 자신에게 유리하게 진행되도록 작전을 짜고 있는 경우가 많기 때문이다.
　이런 사람은 계약을 타결하는 자리에서도 마찬가지이다. "이 조건으로 어떠십니까?" 하고 물으면 뜸을 들이며 "어… 그렇네요, 정말 우리에게 좋은 조건이긴 한데…"처럼 말머리가 유난히 길다.
　말머리가 길다고 해서 느긋한 성격이라 생각하면 오산이다. 그 짧은 시간에 좀 더 좋은 조건을 끌어낼 방법에 대해 궁리하고 있다. 그러니 자신에게 유리한 방향으로 대화가 진행되지 않으면 쉽게 설득되지 않을 것이다.
　하지만 개중에는 의도적으로 사이를 두는 것이 아니라, 단순히 우유부단하거나 준비 부족으로 선뜻 대답을 못하는 때도 있다.
　이런 사람은 초조해하고 있는 것일 뿐이니, 먼저 이야기를 주도해 나가면 긴딘히 설득할 수 있다.

헤어질 때
'그럼, 빠른 시일 내에'라고 하면 가능성은 남아 있다

사람은 헤어질 때 하는 인사말에서 속마음을 보이기 쉽다. 거래처에 새로운 기획안을 제안했다고 가정해 보자. 줄곧 굳은 얼굴로 듣고 있던 사람이 당신이 자리를 뜰 때 "그럼, 빠른 시일 내에 연락 드리겠습니다"라고 했다면 어떨까? 기획안을 듣는 내내 흥미 없는 태도였기 때문에 빠른 시일 내에 연락하겠다는 말을 기획안 수용은 어려울 듯하니 기대하지 말라는 뜻으로 받아들일 수도 있다.

결국, 기획안이 통과되기 힘들다고 생각할 수 있지만 실은 그렇지 않다. 아직 가능성은 있다. 보통 헤어질 때의 인사는 겉치레 말인 경우가 많다. 진심으로 만나고 싶지 않은 사람에게 '그럼 언제 봅시다', '그럼 이달 안에 또 만나요'와 같은 말을 의식적으로 하지 않는다. 상대가 그 말을 진짜라고 받아들일 수 있는 우려가 있기 때문이다.

대부분 작별 인사말은 '안녕히 가세요'나 '기회가 되면 또 봐요'이다. 그런데 일부러 '빠른 시일 내에 연락 드리겠습니다' 하고 인사하는 것은 의식적인 겉치레 말이 아닌 진심일 가능성이 크다.

푸념 속 속마음

"잔업이 많아 피곤해 죽겠다.", "월급이 적어 힘들다." 하며 늘 푸념을 늘어놓는 거래처나 사람이 있다면 단순한 불평으로 가볍게 흘려들어서는 안 된다. 알고 보면 이 푸념이 당신이나 회사를 향한 불만을 빗대어 말할 수 있기 때문이다.

어떤 대상에게 느낀 불안과 노여움을 직접 풀 수 없을 때, 이를 대신할 수 있는 대상으로 바꾸어 말함으로써 불만을 없애려 한다. 앞서 말한 사례도 당신의 회사를 직접 비난하면 문제가 될 수 있으니 불평해도 상대의 마음을 상하게 하지 않을 정도로 자기네 회사의 문제인 것처럼 바꾸어서 넋두리하는 것일 수도 있다.

즉, 잔업이 많다 → 당신 회사가 늦은 시간에 갑자기 일을 넘겨 주기 때문에 제시간에 퇴근할 수가 없다, 월급이 적다 → 당신 회사가 늘 가격 절감을 요구하니까 이익은 생기지 않고 심지어 월급까지 줄었다. 당신 회사를 비난하는 것을 이렇게 바꿔 말하는 것인지도 모른다.

만일 거래처가 계속해서 푸념을 늘어놓는다면 진지하게 귀 기울여보는 것은 어떨까? 예상하지 못했던 당신 회사에 대한 불만을 들을 수 있을지 모른다.

푸념 속 속마음

"날마다 해야 할 일이 너무 많아서 피곤해요."

【속마음】
좀 도와줬으면 좋겠다!

"월급이 오를 기미가 안 보여서 말이죠…."

【속마음】
너무 가격 절감을 강조하지 말았으면 좋겠다!

"생각처럼 일이 진행되지 않으니까요…."

【속마음】
기대하는 만큼의 움직임을 보여 달라!

자기를 불렀을 때,
못 들은 척하는 사람은 자존심이 세다

한 번 불렀을 때는 아무 반응 없다가 두세 번 이름이 불리고 나서야 못 들었다는 듯 "예?" 하고 대답하는 사람이 있다. 이런 식의 대답이 몸에 밴 사람은 한마디로 자존심이 강한 유형이다.

자신을 부르는 소리를 듣고 있었는데도 마치 몰랐다는 듯이 행동하는 것은 일종의 자기 연출이다. 즉, 당신의 존재는 조금도 안중에 없어서 안 들렸다는 식으로 자신을 보이고 싶은 것이다. 하지만 이 말은 뒤집으면 주변의 시선이 너무 신경 쓰인다고 스스로 증명하는 꼴이기도 하다. 과도한 자의식과 높은 자존심이 '예?'라는 말이 튀어나오게 하는 것이다.

덧붙여 말하면, 이름이 아닌 부탁이나 질문에 대해 못 들었다는 듯 '예?' 하고 대답하는 사람은 자기방어적인 기질이 강하다. 상황이 귀찮아지는 것을 싫어하는 경향이 강해 입 밖으로 내지는 못하지만, 습관처럼 하는 '예?' 안에는 '뭐라고요?'처럼 탐색하는 듯한 말이 감추어져 있다.

이런 사람에 대한 대처법은 그저 담담하게 용건을 말하는 것밖에 없다. 단, 자기방어적인 기질이 강한 사람은 상대방의 단어 사용이나 말하는 방법이 마음에 들지 않으면 마음속에 간직할 수 있으니 주의해야 한다.

자신을 칭할 때 이름을 부르는 사람

"이건 동수 거야!" 하고 어린아이가 자기 이름을 부르면서 자신을 가리키는 것은 귀엽다. 하지만 다 큰 어른이 되어서도 버릇을 버리지 못하고 자신의 이름을 부르는 사람이 있다. 본인은 무의식적으로 나온 말일지 모르지만, 주변 사람들은 차가운 눈초리로 볼 것이 틀림없다.

이런 행동이 상식 없다는 말을 하려는 것이 아니다. 실은 이런 사람은 자기애가 강한 사람이다. 자신에 대해 '많은 사람 속의 나'를 상상할 수 없다. 언제나 자신이 세상의 중심이 되지 않으면 견디지 못한다.

따라서 '나'가 아닌 자신만이 가진 고유 명사인 이름을 사용해 어필하는 것이다. 이는 어른들이 이야기하고 있으면 중간에 끼어들어 주목받으려고 하는 어린아이의 행동과 다를 바 없다.

이렇게 자기애가 강한 사람은 어린아이처럼 감정 조절을 하는 데 서툴다. 자신을 가볍게 대하면 금세 토라져 성가신 일이 생길 수 있다. 그러니 적당히 치켜세워 주면 상대방의 신경을 건드리는 일은 없을 것이다.

Chapter 02

버릇으로
읽는 심리

인사할 때 배를 가리는 이유

처음 만나는 사람과 인사를 주고받을 때, 독특한 성향의 사람이 아니면 보통은 상대에게 좋은 인상을 주고 싶어 한다. 특히 일로 만나는 사람을 앞에 두고 못마땅한 얼굴을 하고 있으면 순조로워질 수 있는 일도 망치기에 십상이다.

하지만 상대의 웃는 얼굴에 이끌려 속마음을 꿰뚫어 보지 못하면 나중에 쓴맛을 보게 될 수도 있다.

사람은 경계심을 느끼는 상대와 마주하면, 무의식적으로 배를 가리려는 습성이 있다. 이는 자신을 방어하기 위한 자세이다. 반대로 두 손을 축 늘어뜨리고 있거나 뒷짐을 지는 등, 상대에게 자신의 배를 보이는 것은 그에게 경계심이 없다는 뜻이다.

미팅 자리에서 인사를 나눌 때, 상대의 두 손이 배에 가 있다면 그의 경계심을 풀 수 있는 재미있는 이야기로 분위기를 바꾸는 것도 좋은 방법이다. 센스 있는 농담을 건넨다면 경계를 하던 상대에게 좋은 인상을 줄 수 있다.

잘난 체하듯 손으로 허리를 짚는 이유

커뮤니케이션은 서로의 이야기를 듣고자 하는 마음이 있어야 성립할 수 있다. 어느 한 쪽이 그런 마음이 없다면 많은 시간과 정성을 들여 이야기해도 상대에게 전해지지 않는다. 만약 거래 성사를 위한 대화에서 상대방이 이쪽의 이야기를 들을 마음이 없다면 성립되기 힘들며 공연한 시간 낭비일 수 있다.

상대가 이야기를 들을 마음이 있는지 없는지를 어떻게 알 수 있을까?

오랜 경험으로 숙련된 영업 사원은 상대의 태도를 보고 계약할 수 있을지 없을지 판단한다. 말문을 열 때 상대가 몸을 반듯이 펴고 손으로 허리를 짚으면 이야기를 듣기 싫어한다고 판단할 수 있다.

이는 자신의 몸을 크게 보임으로써 상대를 위협하려는 자세이다. 이런 상대에게 이야기한다면 우이독경일 테니 이야기를 빨리 마무리 짓고 물러나는 편이 좋다.

실내에서 모자나 선글라스를 벗지 않는 이유

실내에서는 모자나 선글라스를 벗는 것이 예의이지만 벗지 않는 사람이 있다. 예의를 따지는 사람이 보면 매너가 없거나 예의를 모른다고 생각해 미간을 찌푸릴지도 모르지만, 그에게는 나름의 이유가 있다.

모자나 선글라스는 멋의 하나로 적극 활용하는 경우가 많다. 의상과의 조합을 생각해서 색상이나 모양을 다르게 하는 사람들에게 모자와 선글라스는 훌륭한 패션 소품이다. 단순히 햇빛을 가리는 목적에서 나아가 개성을 표현하기 위한 중요한 도구이다.

따라서 당연히 실내에서도 모자나 선글라스를 벗지 않는다. 자기연출의 일부로써 모자를 쓴 자신을 어필하는 것이다.

자의식이 강한 사람으로도 볼 수 있다. 실내에서 모자 혹은 선글라스를 벗지 않는 사람은 그냥 있어도 눈에 띄기 마련이지만, 알고 보면 거기에는 사기주장이 숨어 있다.

다리를 자주 꼬았다가 푸는 사람

　마주 보고 앉아 있는 상대방이 마음을 열고 있는지를 알고 싶다면 발끝에 주목하자. 자연스럽게 다리를 벌리고 있다면 편안하다는 뜻이며 당신을 받아들일 마음의 준비가 되어 있다는 표현이다. 그러나 다리를 꼬고 있다면 경계심을 풀지 않았거나 속마음을 보이고 싶지 않다는 사인이다.

　다리를 꼬는 행동은 심리적으로 '바리케이드' 역할을 한다. 마주한 상대가 이 이상 다가오기 원하지 않는 거부감이나 긴장감이 발끝에 나타나는 것이다.

　만일 다리를 꼬았다 풀었다 하는 횟수가 잦다면 또 다른 심리가 감추어져 있다고 볼 수 있다. 무언가에 화가 나 있거나 초조한 감정이 다리를 자꾸 꼬는 산만한 동작으로 표현된다.

　이럴 때는 이야기를 빨리 끝내거나 화제를 바꾸는 요령이 필요하다.

　물론 다리를 꼬고 앉는 것이 습관이거나 나쁜 자세에서 비롯된 행동일 수도 있으니 표정이나 몸짓 등 전체적인 분위기를 잘 관찰한 뒤에 상대의 속마음을 판단해야 한다.

이야기할 때 의자 앞부분에
살짝 걸터앉는 행동

혹시 당신과 이야기하고 있는 사람이 의자 앞부분에 살짝 걸터앉아 있다면 그는 당신을 경계하거나 불편해하는 것일 수 있다. 사람은 긴장되거나 조심스럽고 어려운 자리에 앉을 때 의자에 살짝 걸터앉는 경향이 있다.

그렇게 앉아 있으면 무슨 일이 생기든지 바로 일어서서 어떤 행동을 취할 수가 있다. 실제로 의자에서 일어서지 않아도 경계심을 상대에게 갖고 있거나 마음이 진정되지 않을 때는 언제라도 그 자리를 떠날 수 있도록 무의식적으로 의자 앞부분에 살짝 걸터앉는다.

즉, 그렇게 앉는 사람은 상대에 대한 경계심을 풀지 못하는 유형으로 긴장감과 신중함이 강하다는 뜻이다.

반대로 상대에게 안도감과 신뢰감을 느끼고 있을 때는 의자에 깊숙이 기대어 앉는다. 편안한 마음이 그대로 의자에 앉는 자세로 나타나는 것이다.

덧붙여 말하면, 처음에는 불안하게 의자에 살짝 걸터앉아 있던 사람이 당신과 대화하는 시간이 지나면서 의자 깊숙이 앉는다면, 당신에 대한 마음의 벽이 점점 허물어짐을 의미한다.

상대가 지루해하는지 간파하는 방법

의자에 앉아 대화할 때, 상대가 앉아 있는 모습을 주의 깊게 보면 이야기에 얼마만큼 흥미를 가졌는지 알 수 있다. 예를 들면, 상체를 앞으로 내밀고 다리를 자기 쪽으로 당긴 자세로 앉아 있다면, 이는 당신의 이야기에 상당히 흥미를 갖고 있다는 뜻이다.

만일 한쪽 다리는 구부리고 다른 쪽 다리는 펴고 있다면 주의해야 한다. 당신의 이야기에 흥미를 느끼지 못하거나 지루해한다는 표현이기 때문이다. 두 다리를 앞으로 쭉 뻗은 채 등받이에 기대는 자세도 같은 감정의 표현이다.

이러한 자세는 상대를 거부할 때 취하는 의사 표현이다. 이럴 때는 이야기의 내용을 바꾸어 보자. 아니면 상대가 이야기할 수 있도록 유도하면 그가 관심 있어 하는 화제로 바뀔 것이다.

처지를 바꿔서 중요한 회의에서나 데이트에서 이런 자세를 취하지 않도록 주의해야 한다. 재미없어도 열심히 그의 이야기를 들어 주는 모습을 보이는 것이 당신에 대한 호감을 높일 수 있다.

손의 움직임으로
아는 진심

　이야기하는 중에 자기 목덜미나 머리 뒷부분을 만지거나 머리를 긁는 사람이 있다. 이는 어떤 실수를 저질러 창피할 때나 칭찬받아 부끄러워할 때 하는 행동 중 하나이다.
　하지만 목덜미를 만지는 행동이 부끄러움을 감추기 위한 행동이라고 단정할 수 없다. 뭔가 말하기 어려울 때나, 대답하기 곤란한 질문을 받았을 때도 이런 행동을 할 수 있다. 즉, 상대에게 속마음을 내보이기 꺼리는 동작이다.
　더욱 알기 쉬운 예는 관자놀이를 긁는 행동이다. 불리한 질문을 받고 말을 끌면서 얼버무리며 넘어가려 할 때, 자신도 모르게 집게손가락으로 관자놀이를 긁는 경우가 있다.
　사람은 어떤 일에 감정이 동요하면 이를 진정시키기 위해 신체의 일부를 만지는 경향이 있다. 목덜미나 관자놀이에 손이 가는 사람은 솔직하게 대답할 수 없어 난처해 이런 행동을 하는지도 모른다. 당신과 대화하는 상대가 이 같은 행동을 보였을 때, 더욱 깊이 파고들지, 아니면 슬쩍 화제를 바꿀지는 관계와 상황에 따라 잘 판단해야 한다.

얼굴을 만지면서 이야기하는 사람

대화 중에 입이나 코를 만지거나, 눈을 비비거나, 쓰고 있는 안경을 만지는 행동을 하는 사람을 볼 수 있다. 진짜로 코가 간지럽거나 안경이 내려와서 손이 가는 때도 있겠지만, 그 같은 행동을 빈번하게 한다면 주의할 필요가 있다. 사람은 거짓말을 할 때나 무언가 숨기고 있을 때, 얼굴에 손이 가는 횟수가 늘어난다.

혹시라도 자신의 표정이 바뀌어서 거짓말을 들키지 않을까 하는 불안이 얼굴의 어느 부분을 가리는 행동을 하게 만든다.

무언가 숨기고 있을 때 얼굴 이곳저곳에 손이 가기 마련이지만, 그중에서도 손이 많이 가는 부분은 입과 코이다. 거짓말을 하면 신체 내에 변화가 일어나 코가 근질근질해져 무의식적으로 코를 만지게 된다. 단순히 만지는 것이 아니라 비비거나 긁거나 잡아당기기도 한다.

당신과 이야기하는 상대가 자꾸만 얼굴을 만진다면 속지 않도록 주의해야 한다. 무조건 그의 말을 믿어 버리는 실수는 하지 않을 것이다.

고개를 숙인 채 자주
턱을 만지는 사람

 아무리 친한 사이라 해도 나의 속마음 전부를 이야기할 수 있는 것은 아니다. 가족이든 친한 친구이든 말하기 어려운 것은 어렵고, 그 내용에 따라 말하지 않는 편이 좋을 때도 있다.
 만약 부인과 이야기를 나누고 있는데, 그녀가 고개를 숙인 채 턱을 만지고 있다면, 이는 좋지 않은 이야기를 할 수도 있는 징조임을 알아야 한다.
 이는 하고 싶은 말이 있으나 상대방의 기분을 헤아리느라 망설이는 심리의 표현이다. 말하기 어려운 이유가 그녀 자신에 대해 숨기는 게 있거나, 양심의 가책을 느끼는 일이 있다는 것은 아니다.
 그것은 어디까지나 당신에 관한 이야기일 가능성이 크다. 부인이 당신에 관한 이야기로 고민하고 있을 때 하고 싶은 말이 있으면 해보라는 식으로 추궁할지, 못 본 척하며 화제를 딴 데로 돌릴지는 자유이나. 하지만 부인이 무언가 좋지 않은 이야기를 꺼내고 싶어 한다는 사실은 기억해야 한다.

상대의 움직임이
줄었을 때

누구나 거짓말쟁이보다 정직한 사람이 되고 싶어 할 테지만 말하기 힘들거나 감추고 싶은 것이 있다. 감추고 싶어 하는 상대를 유심히 관찰하면 그가 무엇을 감추고 있는지 추측할 수 있다.

사람과 사람 사이의 커뮤니케이션은 말뿐만 아니라 말하는 방법, 표정, 몸짓 등 모든 것을 통해 이루어진다. 이 중 어느 하나가 빠져 있거나 부자연스러우면 어색함을 느낀다. 무언가를 숨길 때, 표정은 의식적으로 꾸밀 수 있어도 몸짓은 그대로 드러나는 경우가 많다. 특히 몸이나 손을 움직이는 횟수가 줄었다면 무언가 숨기고 있을 가능성이 크다.

무언가를 들키는 건 아닌가 하는 불안이 손의 움직임을 억제하는 것이다. 마찬가지로 손을 호주머니에 넣거나 주먹을 쥐거나, 자꾸만 무언가를 건드리는 행동은 손의 움직임을 감추려는 의도가 숨어 있다.

만약, 상대의 손의 움직임이 줄었다는 느낌이 든다면 화제를 바꾸어 상대의 마음을 편하게 해 주는 것이 좋다. 반대로 사실을 알아야 할 필요가 있다면 끝까지 추궁해야 한다.

머리카락을 잡아당기거나 뽑는 사람

자신의 머리카락을 손가락으로 마는 여성을 보게 될 때가 있는데 남성 중에도 습관처럼 자신의 머리카락을 만지는 사람이 있다. 책을 읽을 때처럼 무언가에 집중하고 있을 때, 자꾸만 머리를 만지작거리거나 잡아당기거나 머리카락을 뽑기도 한다.

이런 사람이 긴장해서 그런 행동을 한다 생각하면 착각이다. 또 머리카락을 만지는 것과 잡아당기는 것은 얼핏 비슷해 보이지만 다른 심리에서 나온 행동이다.

가볍게 머리를 만지거나 머리끝을 손가락으로 마는 행동은 의존하고 어리광부리고 싶어 하는 마음의 표현이다. 머리카락을 잡아당기거나 뽑는 행동은 자신에 대해 부정적인 감정을 품고 있는 경우가 많다.

하지만 이 두 경우 모두 자신이 없고 성취를 이루지 못해 생기는 욕구불만과 불안감에서 나타나는 행동으로 볼 수 있다.

손끝을 붙이는 동작으로 알 수 있는 상대의 신뢰도

　손가락을 벌린 상태에서 손끝만 붙여 지붕 같은 모양을 만드는 자세는 사회적으로 높은 지위에 있는 사람, 예를 들면 변호사나 의사 등에게서 빈번히 볼 수 있다.
　이는 사고방식이나 위치에 자신감을 가진 사람이 취하기 쉬운 자세라고 한다.
　이 같은 자세는 평범한 비즈니스맨도 사용하는데, 자신이 진지하고 열정이 있는 사람이라는 점, 혹은 진실을 호소할 때 자연스럽게 나오는 동작이기도 하다.
　바꾸어 말하면 이런 자세는 보는 사람에게 상대의 자신감과 진지함에 대한 강한 인상을 남길 수 있다. 이런 자세로 무언가를 주장하면 그의 말을 믿는 확률도 높아진다고 한다. 실제로 유럽과 미국에서는 법정에 서서 증언하는 사람에게 그의 증언 가치를 높이기 위해 이 자세를 권한 예도 있다.
　즉, 이 자세는 프레젠테이션 등에서 무언가 강하게 주장하고 싶을 때 사용하면 상대에게 강한 인상을 줄 수 있다. 일상생활 속의 대화에서도 중요한 말을 전할 때 쓸 수 있는 편리한 동작이다.

의자 등받이를 가슴 쪽으로 돌려
다리를 벌리고 앉는 이유

몇몇이 모여 이야기를 나누는 자리에서 점점 분위기가 무르익으면 의자 등받이를 가슴 쪽으로 돌려 두 손으로 안고서 두 다리를 넓게 벌리고 앉는 사람이 있다.

절대 앉기 편하다고 할 수 없는 이 자세에는 방어와 지배라는 두 가지 의미가 숨어 있다.

보통 의자에 앉으면 당연히 앞부분은 무방비 상태가 된다. 이를 구태여 반대 방향으로 돌림으로써 무의식중에 등받이를 방패나 갑옷과 같은 무기로 삼는 것이다.

이런 자세를 취하는 이유는 자신을 보호함과 동시에 그곳의 분위기를 제압하고 싶은 욕구가 있기 때문이다.

이런 사람은 대화가 격렬해져서 주장이 갈리면 조금은 억지스럽더라도 자신이 생각하는 결론으로 이끌어 가려는 경향이 있다. 이럴 때는 다가가 그의 눈앞에 서서 내려다보는 듯한 태도를 보이는 것도 방법이다. 그러면 저절로 상하 관계가 명확해져 그의 기세도 수그러들 것이다.

불안해하는 사람의 팔짱

비즈니스 잡지 등을 보면 능력 있는 경영자나 고급 레스토랑의 주방장이 몸을 비스듬히 기울이고 득의양양한 얼굴로 팔짱을 낀 채 카메라를 응시하는 사진이 실려 있을 때가 있다.

이런 높은 위치에 있는 사람들의 팔짱 낀 자세는 위엄의 표현이기도 하니 자신의 화려한 경력과 이미지를 인상에 남기기에 좋다.

그러나 팔짱이 이 같은 사람들만의 전유물은 아니다. 누군가와 이야기를 나누는 중에도 어느 순간 팔짱을 끼고 있는 자신을 발견할 때가 있다.

이렇게 팔짱을 끼는 동작은 기본적으로 벽을 만드는 역할을 한다. 이는 경계나 자기 위로, 비판과 같은 '상대를 인정하지 않겠다'는 속마음을 나타낸다. 즉, 대화가 무르익어 가면서 상대가 팔짱을 낀다면 당신과의 대화가 그다지 매끄럽지 못하다고 생각하는 게 좋다.

이때 팔짱 낀 손끝의 모양도 관찰해야 한다. 예를 들어, 작게 주먹을 쥐고 있다면 적대를 의미하는 것이며 팔짱 낀 채 자신의 위팔을 잡고 있다면 불안을 의미한다. 만약 대화 상대가 팔짱을 낀 채 위팔을 붙잡고 있다면 안심할 수 있는 말을 건네자. 그렇게 그의 불안을 덜어 주면 그의 경계심도 줄어들 것이다.

거리낌 없이
어깨를 치는 심리

스킨십이 서툰 사람들이 의외로 많다. 하지만 가끔 보면 그다지 친한 사이도 아닌데 "컨디션 좀 어때?", "오랜만이야!" 하면서 무턱대고 스킨십을 해 오는 사람이 있다.

멋대로 어깨동무를 하거나 포옹을 하기도 한다. 본인은 친근감 있게 하는 행동이겠지만 스킨십을 받는 처지에서는 당황할 때도 있다.

이같이 무턱대고 남에게 스킨십을 시도하는 대부분의 사람은 자신감에 차 있는 데다가 눈치가 없는 경우가 많다. 그래서 상대가 어떻게 느끼는지 전혀 아랑곳하지 않고 스킨십을 할 수 있는 것이다.

특히, 처음 만나는 사이임에도 스스럼없이 어깨를 툭툭 치는 사람은 상대를 길들이려는 심리가 숨어 있으니 거리를 두어야 한다.

너무 심한 스킨십을 해 온다면 "기운이 남아도시는군요." 같은 말로 되받아쳐서 견제한다면 상대의 억지스러운 페이스에 말려드는 일 없이 냉정하게 대처할 수 있을 것이다.

악수할 때 자신의 손을
위로 내미는 심리

 악수는 두 사람이 손을 내밀어 맞잡는 것이다. 그런데 간혹 자신의 손을 상대의 손 위로 내밀어 덮듯이 맞잡는 사람을 볼 수 있다. 정치가나 경영자들의 병합 발표 장면을 연상하면 쉽게 이해할 수 있다.

 이런 경우, 한쪽 손만으로는 부자연스럽고 어색해 보통 다른 한쪽 손도 함께 맞잡는다. 이때 자신의 손을 상대의 손보다 위로 내미는 사람에게 감추어진 심리가 있다. 그것은 '이 사람보다 위에 서고 싶다'는 바람이다.

 상대보다 위에 서고 싶거나 굴복시키고 싶다는 마음이 그대로 나타나는 것이다. 그 때문일까, 악수라기보다는 상대의 손을 위아래에서 억누르듯이 잡는 것처럼 보이기도 한다.

 그렇다고 이미 잡힌 손을 뿌리칠 수도 없는 노릇이다. 하지만 이런 상황을 방지할 방법이 있다.

 상대의 몸 가까이 먼저 손을 내미는 것이 핵심이다. 자신이 예상하던 거리보다 좁혀진 곳까지 상대가 악수를 청해 오면 팔을 뻗을 수 있는 공간이 좁아져 팔을 다 뻗지 못한 상태로 악수할 수밖에 없기 때문이다.

손바닥을
아래로 향하는 이유

누군가에게 "잠깐 이것 좀 빌릴게." 하고 부탁할 때, 말하면서 손도 함께 내미는 사람이 많을 것이다. 이때, 손바닥이 위를 향하고 있는지 아래를 향하고 있는지에 따라 그의 마음을 읽을 수 있다. 언뜻 보기에 큰 차이가 없을 것 같지만, 손바닥이 어느 쪽을 향하고 있는가에 따라 해석이 달라진다.

손바닥이 위로 향하는 사람은 상대에게 호감을 느끼며 마음을 열고 있다는 뜻이다.

한편, 손바닥이 밑으로 향하는 사람은 상대를 억압하거나 위협하려는 심리가 숨겨져 있는 경우가 많다. "잠깐 이것 좀 빌릴게." 하고 같은 말을 하더라도 손바닥이 아래를 향해 있으면 상대에게는 강압적인 느낌으로 들릴 수도 있다고 한다.

또한, 누군가를 손가락으로 가리키거나 펜으로 찌르는 행동도 위협의 표현이다. 이는 자신감이 없다는 감정의 방증이며 자신의 존재를 일부러 부각하기 위한 자세이다.

머리를 깊숙이 숙이는
인사를 믿지 말라

　서양 사람은 인사할 때 악수나 포옹을 하지만, 동양 사람은 고개를 숙여 인사하는 자세가 일반적이다. 대개 15~30° 정도 상체를 앞으로 숙이는 것이 올바른 인사법이지만 사람에 따라 조금씩 다르기도 하다. 이때의 인사도 상대의 심리를 알 수 있는 지표가 된다.

　머리를 깊숙이 숙이는 사람은 상대에 대한 존경의 마음을 갖고 있다. 이런 사람은 자존심이 강하긴 하지만 자신을 조절할 수 있어 협력 관계를 만들기 수월하다.

　고개를 살짝 숙이는 사람은 자신감에 가득 차 있고 상대보다 우위에 있다고 믿는 경우가 많다.

　적당히 고개를 숙이면서 살짝 눈을 치켜떠 상대를 보는 사람은 조금 복잡하다. 겉으로는 예의가 바른 듯 보여도 상대에게 지고 싶지 않다는 의식이 강하다.

　계속 응시하면서 인사하는 때도 마찬가지이다. 시선을 맞추는 것은 자신이 우위에 서고 싶다는 심리의 표현이기도 하다.

　마지막으로 직각이 될 정도로 허리를 숙여 필요 이상으로 머리를 숙이는 것은, 성실한 사람처럼 보이지만, 상대를 자신의 시야 밖으로 내쫓고 싶다는 적대감의 표현이다.

그 사람이 서 있는 위치로 보는 호감도

"어때, 요즘 잘하고 있지?", "이번 기획안, 정말 좋았어.", "앞으로도 기대할 테니 잘해 보라고." 하며 등을 가볍게 두드려 주는 사람이 있다. 그는 상사일 수도 동료일 수도 있겠지만 어쨌든, 당신에게 특별한 감정을 느끼고 있다. 비록 아무 말 없이 등을 툭툭 두드린다고 해도 기분 나빠할 사람은 없을 것이다.

하지만 호의적인 감정을 갖는 것처럼 보이는 이런 행동이 의외로 그렇지 않은 때도 있다. 그 차이를 아는 방법은 등을 두드리고 난 뒤, 그 사람이 서는 위치를 보면 알 수 있다.

예를 들면, 뒤에서 등을 두드린 후에 바로 당신의 옆으로 다가온다면 그는 당신을 신뢰하고 있고 친밀하게 느끼고 있다.

하지만 뒤에서 어깨를 툭툭 치고 나서도 그대로 서 있다면 주의해야 한다. 등 뒤에 있는 것은 당신에게 어떤 피해를 주고 싶다는 잠재의식의 표현이다. 특히 아무런 예고도 없이 갑자기 등 뒤에서 어깨를 두드린다면 당신에 대한 적대적 감정이 상당히 강하거나 경쟁 의식이 있을지도 모르니 주의해야 한다.

칭찬의 말을 하고 난 뒤, 그 사람이 서는 위치에 주의!

• 칭찬의 말을 하고 난 뒤, 당신의 옆으로 온다

> 아까 기획안 말이야, 정말 좋더라.

···· 말 그대로 당신에게 친밀한 감정을 갖고 있다.

• 칭찬의 말을 하고 난 뒤, 등 뒤에 선다

> 아까 기획안 말이야, 정말 좋더라.

···· 말과는 정반대로 당신에게 라이벌 의식이나 질투심을 갖고 있다.

만지면 갖고 싶어지는
심리의 이면

쇼핑하다 보면 "직접 한번 만져 보세요.", "들어와서 한번 입어 보세요.", "직접 체험해 보세요." 하는 점원의 말을 들을 수 있다.

그 말에 아무 생각 없이 물건을 만지거나 입어 보면 그때까지는 전혀 살 마음이 없었던 물건도 갑자기 사고 싶은 마음이 생긴다. 이는 촉감이 만들어 내는 심리 상태로, 직접 손으로 만져 본 물건에 대해 친밀감을 느끼기 때문이다.

실제로 상품을 만져 보면 사도 괜찮을 것 같다고 안심한다. 그러면 자연히 그 물건을 구매해야겠다고 생각한다.

손님에게 물건을 팔고 싶다면 직접 손으로 만져 보게 하자. 처음에는 살 마음이 없어도 들고 만짐으로써 그 물건에 대한 친밀감이 생길 것이고 그러면 서서히 '이거 한번 사 볼까' 하는 마음이 들 것이다.

입에 자꾸 손이 가는 버릇이 있는 사람

늘 누군가 곁에 있지 않으면 살아갈 수 없는 의존적인 성격의 사람들이 있다. 여성뿐만 아니라 주변에서 능력 있는 사람이라 평가받는 남성도 의외로 타인에 대한 의존도가 높을 때가 있다.

이런 응석받이 유형 중에 입술을 만지는 버릇을 가진 사람이 많다. 이들은 무언가 골똘히 생각할 때나 대화가 재미없어지면 자연스레 입에 손이 간다. 이런 사람은 정신적으로는 아직 어린아이 같은 부분이 있다.

갓난아기에게 입술은 엄마의 젖가슴과 연결되는 중요한 부분이다. 엄마의 젖가슴은 영양을 공급받는 곳임과 동시에 안정감의 상징이다.

즉, 입술을 손으로 만지는 것은 안정감과 평온함을 원한다는 증거로 어딘가 불안하거나 초조해지면 무의식적으로 이를 원하는 행동이 나오게 되는 것이다.

이러한 행동을 귀엽다고 생각하는 것은 취향에 따라 다른 문제이지만, 나 큰 어른이 입을 만지작거리면 칠칠맞아 보인다.

볼과 귀를 만지는 버릇이 있는
사람을 대할 때

사람은 많든 적든 누구나 버릇이 있다. 일상생활이나 누군가와 이야기하는 중에 사소한 버릇이 쉽게 나오기 마련이다. 그중 무의식적으로 자기 몸의 어딘가를 만지는 버릇은 많은 사람이 갖고 있다.

이야기하면서 자기 볼이나 귀를 만지는 버릇이 있는 사람을 주의해야 한다. 볼에 손을 갖다 대거나, 귓불을 손가락으로 만지작거리는 사람이 의외로 많다. 이런 사람은 말솜씨가 좋고 주변 사람들을 이끌어 가는 힘이 있지만 얼마나 진실하게 상대방을 대하는지 의심스럽다. 볼이나 귀를 만지는 버릇이 있는 사람은 과장하길 좋아하는 나르시시스트가 많기 때문이다.

볼과 귀를 만지는 모습은 연기처럼 보이기도 한다. 극적인 자세가 자연스럽게 몸에 배어 나온다. 이야기를 재미있고 우습게 각색하거나 극적으로 강조하는 것을 좋아하는 사람의 말은 무조건 믿지 말고 적당히 옳고 그름을 가려야 한다.

귓불을 잡아당기며
이야기하는 이유

머리카락을 귀 뒤로 넘기는 버릇이 있는 사람이 있다. 이런 사람에게 위화감을 느끼지 않는 것은 일상적으로 볼 수 있는 행동이기 때문이다.

하지만 당신과 마주하고 앉아 있는 사람이 이런 행동을 보인다면 조금 더 그 사람의 몸짓이나 화법을 주의 깊게 살펴볼 필요가 있다. 이는 상대의 이야기를 의심할 때 쉽게 나오는 행동이다.

귓불을 잡아당기는 행동도 마찬가지이다. 상대의 말을 다시 한번 제대로 듣고 싶어 하는 심리가 귀나 그 언저리를 만지는 행위로 나타난다. 이럴 때 일을 성급히 진행하려 하거나 억지로 밀어붙이려 하면 틀어져 버릴 수도 있다. 오히려 이야기의 속도를 조금 늦추어서 진지한 태도를 보이는 것이 좋다. 그리고 상대가 자신의 어떤 부분에 의심을 품고 있는지를 파악한 뒤, 다시 설명함으로써 해결 방법을 찾아야 한다.

앞서 설명했던 팔짱을 끼거나 목 언저리를 만지는 등의 행동도 상대에게 의심을 품고 있을 때의 행동임을 기억하라.

턱을 앞으로 쑥 내미는 동작에 숨겨진 자존심

자존심이 강한 사람일수록 자신을 보다 크게 보이는 기술이 뛰어나다. 일을 같이하거나, 어느 정도 행동을 함께하면 자연히 파악할 수 있다. 하지만 작은 동작만으로 알 수 있기도 하다.

예를 들어, 여럿이 이야기하는 자리에서 턱을 앞으로 쑥 내밀고 있는 사람이 간혹 있다. 유난히 턱이 발달해서 눈에 띄는 것도 아닌데 일부러 턱을 앞으로 내밀고 있는 사람은 무의식적으로 그런 동작을 취하고 있기 때문이다. 그런 동작은 '남보다 위에 서고 싶다', '남보다 잘나 보이고 싶다'와 같은 자기 과시욕의 표현이다.

턱을 앞으로 쑥 내밀면 자연히 가슴도 앞으로 나오고 시선도 위에서 아래로 내려다보게 된다. 이렇게 거드름 피우는 듯한 동작이 버릇인 사람은 언제나 주변 사람들보다 주목받는 존재가 되고 싶다는 욕구가 있다.

자신을 보다 크고 강히게 보이고 싶어 하는 사람은 야심이 많고 출세욕 또한 강하다. 하지만 반드시 그에 따르는 실력을 겸비하고 있지 않으면 단순한 허세이다.

몸을 둥글게 구부리고
자는 사람의 심리

사람이 가장 무방비인 상태는 잠잘 때이다. 늘 인상을 쓰는 직장 상사의 자는 얼굴이 의외로 천진난만하거나, 사랑하는 아내의 자는 모습이 차마 눈 뜨고 볼 수 없는 모습인 경우처럼, 잠잘 때 모습에는 그 사람의 감춰진 모습이 많다.

잠자는 모습으로 알 수 있는 심리도 많다. 그중 하나가 옆으로 누워서 배를 감추듯이 둥그렇게 구부리고 자는 사람이다.

위에서 보면 마치 엄마 뱃속에 있는 아기의 모습 같은데 이런 사람은 어린아이처럼 누군가에게 보호받고 싶어 하는 의존적인 성격이 강하다.

이들은 내성적인 성격으로 위험에 직면했을 때, 자발적으로 행동하지 못하고 누군가가 도와줄 때까지 기다리는 수동적인 사람이다.

안고 자는 베개를 애용하거나 다리에 이불을 둘둘 말고 자는 사람도 이런 경향이 있다.

누군가에게 의존한다는 것은 힘든 상황이 닥쳤을 때 책임을 회피하지만 스스로 아무것도 할 수 없는 연약함을 가진 것이다.

부자연스러운
동작의 의미

이야기하는 중에 몸짓, 손짓을 더하는 사람이 있다. 예를 들어, "정말로 큰 물고기였다니까!" 하면서 두 팔을 양옆으로 힘껏 벌려 물고기의 크기를 설명하는 사람이 그렇다. 다소 과장하는 느낌이 있지만, 이야기의 분위기를 한층 띄우기 위해서라 생각할 수도 있다.

하지만 별다른 이야기도 아닌데 필요 이상으로 동작이 크거나, 이야기의 내용과 맞지 않는 행동을 하는 사람은 마음속에 무언가 감추고 있다고 의심할 수 있다. 이야기의 현실성이 좀 떨어지거나 꾸며낸 이야기가 섞여 있을 때 과장하기 때문이다.

사람은 아무런 거짓 없이 진심을 이야기할 때는, 상대의 눈을 보고 이야기하기 때문에 몸을 거의 움직이지 않는다. 하지만 반대로 무언가 속이려 할 때는 자기도 모르게 과장된 몸짓을 하고 말이 많아진다.

담배를 입에 무는 모습으로 아는 성격

주변에 흡연자가 있다면 담배를 입에 무는 모습을 잘 관찰하자. 담배를 무는 모습으로 일에 대한 자세를 알 수 있기 때문이다.

먼저, 성실히 일하는 사람은 담배를 입의 왼쪽으로 물거나 중앙에 물고 담배 끝을 밑으로 향하게 하는 경우가 많다. 심층 심리학 이론에 의하면 신중하고 조심성이 많아 무리하지 않는 유형으로, 일도 계획적으로 꾸준히 해낸다고 한다.

이에 반면 허세가 있고 한탕주의 경향이 있는 사람은 담배를 입의 오른쪽으로 물거나 중앙에 물고 담배 끝을 위로 향하게 하는 경우가 많다. 이런 사람은 모 아니면 도인 일에 도전하고 싶어 하는 승부사 유형일 가능성이 크다.

이들은 결정도 빨리 내리고 행동도 대담하기 때문에, 리더십을 잘 발휘한다면 인생의 큰 기회를 잡을 수 있을지도 모른다.

지나치게 가까이 접근하는 사람의 심리

회의를 하거나 대화를 하다 보면, 이야기에 열을 올리던 상대가 자신의 가까이 와 있어 깜짝 놀랄 때가 있다. 사람은 누구나 '개인적 공간'이 있는데 상대와의 거리가 50cm 이내여도 불쾌하지 않은 관계는 배우자나 애인처럼 친밀한 사이이고 보통 친구는 1m가 허용 범위라 한다.

그런데, 그런 공간을 단순히 일적인 관계의 사람이 뚫고 들어오면 당혹스러운 것은 무리가 아니다. 그럼 그런 사람은 왜 이런 행동을 하는 것일까?

필요 이상으로 가까이 오면 위화감을 느끼는 것은 서로 마찬가지이다. 그럼에도 그런 행동을 하는 사람은, 어떻게 해서든지 자신의 요구 사항을 관철하고 싶어 하기 때문이다. 즉, 밀어붙이려는 공격적인 마음이 자연히 상대와의 거리를 좁히는 것이다.

참고로 이야기를 듣던 상대가 상반신을 앞으로 굽히고 있다면 동의한다는 표현이고, 반대로 상반신을 뒤로 젖혀 거리를 두고 있다면 동의하지 않는다는 표현이다.

개인적 공간의 기준

45cm 이내	친밀한 관계
45~120cm 이내	개인적인 관계
120~360cm 이내	사회적인 관계
360cm 이상	공식적인 관계

손의 움직임으로 보는 무의식

대화할 때, 눈의 움직임도 중요하지만, 손의 움직임도 그에 못지않게 많은 것을 말해 준다. 따라서 상대의 손의 움직임을 보면, 당신의 이야기에 흥미를 느끼고 있는지를 알 수 있다.

예를 들면, 손을 오므리지 않고 펴고 있거나 편 손을 테이블 위에 올려놓고 있다면 마음도 열려 있다는 뜻이다. 언급한 바 있지만 둘 사이에 놓인 테이블 위의 서류를 한쪽으로 밀어내는 행동도 마찬가지로 상대와의 거리를 좁히고 싶다는 마음의 표현이다.

단, 테이블 위에 놓인 물건의 위치를 바꿔 가며 만지작거리는 행동은 반대로 자신의 영역 안으로 누군가 들어오는 것을 원하지 않는다는 표현이다. 턱을 손으로 만지는 행동도 어떻게 만지는지에 따라 의미가 달라지니 주의할 필요가 있다. 예를 들어, 턱에 손이 가는 동작은 감동과 이해의 동작인데 반해, 엄지손가락과 집게손가락으로 턱을 사이에 두고 만지는 경우는 상대의 이야기에 의문점을 느끼는 경우가 많다. 어떻게 결정해야 할지 망설일 때도 이런 동작이 나온다.

마지막으로 주먹을 쥐고 있다면 상대에게 호의적인 감정은 없다는 뜻이며, 손가락이나 펜으로 테이블을 톡톡 두드리는 행동은 이야기를 빨리 끝내고 싶다는 마음의 표현이다.

경기를 보는 관중이 머리를 두 손으로 감싸는 심리

축구 경기에서 상대 팀이 골을 넣었을 때, 두 손으로 자신의 머리를 감싸는 행동을 하는 관객이 있다. 이런 모습에 대사를 붙인다면 'Oh, No!'일 것이다.

자기에게 공이 날아온 것도 아니고, 위험에 처하거나, 해를 입은 것도 아닌데 왜 그런 행동을 하는 것일까? 그 같은 행동에는 다음과 같은 심리가 감추어져 있다.

예를 들면, 자신이 응원하는 팀이 결정적인 기회를 골로 연결하지 못했을 경우, 관객들은 믿기지 않는 광경을 보게 된 충격에서 자신을 보호하기 위해 가장 중요한 부분인 머리를 본능적으로 방어하는 것이다.

그렇게 하여 어릴 적 어머니에게 보호받았을 때의 안도감과 같은 기분을 느낀다. 이런 행동은 무의식적이고, 순간적으로 나오는 것이므로 경기에 집중하고 있는 이상 자신도 제어할 수 없다.

만약, 자신도 모르게 이런 동작을 하고 있다면 자각하는 이상으로 경기에 흠뻑 빠져 있음을 뜻한다.

주머니에 손을 넣고
걸어 다니는 사람의 심리

어릴 적에 주머니에 손을 넣고 걸어 다니다가 야단맞았던 기억이 누구나 있을 것이다. 손을 주머니에 넣고 다니면 넘어진다는 게 주된 이유이지만, 그런 행동은 어른이 되어도 쉽게 고쳐지지 않는다.

춥지도 않은데 주머니에 손을 넣고 있는 행동은 심리학적으로도 부정적인 의미가 있다. 이는 매사를 바로 보려 하지 않고 삐딱하게 보는 사람들이 자주 하는 행동으로 속마음을 들키고 싶지 않다는 비밀주의가 감추어져 있다. 무언가 감추고 있거나 말끝을 얼버무리는 등, 남에게 쉽게 마음을 열지 않겠다는 심리의 표현으로 손을 감추는 것이다.

대화 중에 손을 주머니에 넣는 행동도 거짓말을 하고 있거나 무언가를 감추고 있을지 모른다는 뜻이다. 상대방이 감추고 있다는 것을 알고 집요하게 물어본들 쉽게 털어놓고 이야기하지 않는다.

부드러운 털을 보면 만지고 싶어지는 심리

　부드러운 털을 가진 강아지나 고급스러운 모피 코트의 가지런한 털을 보면, 왠지 모르게 '만지고 싶다'는 충동에 사로잡힌다.
　이런 행동은 짐승이 자신의 혀나 발로 몸이나 털을 깨끗이 하는 본능과 관련이 있다고 한다. 사람도 동물의 일종임을 생각하면 일리 있는 말이다.
　동물의 그 같은 행동을 포함해 상대를 조절하거나 터치하는 행동을 몸단장 혹은 손질이라 하는데 동료 의식을 돈독히 하거나 긴장을 푸는 목적이 있다.
　이는 포유류뿐만 아니라, 곤충이나 조류 등, 대부분의 동물에게서 볼 수 있는 행위이다. 가지런한 털을 보면 만지고 싶어 하는 사람의 심리도 깊이 들어가면 그 대상과 친밀해지고 싶다는 욕구가 감추어져 있다.
　예를 들면, 당신이 입은 캐시미어 코트를 칭찬하면서 자연스럽게 코트에 손을 댄다면, 그(그녀)는 당신에게 호감을 느끼고 있을 가능성이 크다. 당신에게 친밀한 감정을 나타내는 것이다. 하지만 아무리 친해졌다고 해서 갑자기 남의 옷을 만지는 행동은 상대가 여성이라면 성희롱이라 의심받을 수도 있으니 조심해야 할 것이다.

고약하다고 생각하면서도
냄새를 맡는 이유

　식당에서 나온 음식에 젓가락을 대기 전에 냄새를 맡아 보는 사람이 있다. 조금 실례인 행동일 수도 있으나 일단 냄새를 맡아 보고 싶다는 마음에 공감하는 사람도 있을지 모르겠다.
　벗어 놓은 양말이나 티셔츠 냄새를 무심코 맡아 보거나, 옷이 땀범벅이라 고약한 냄새가 날 것을 알면서도 냄새를 맡는 행동은 얼핏 보면 기이한 행동으로 보이기도 하지만, 사람 역시 동물의 일종임을 생각하면 그렇게 이상하지만은 않다.
　자신의 냄새를 맡는 것은 생명체가 자신의 존재를 확인하기 위한 행동이자 습성이다. 때가 타지 않은 상의나 방금 감은 머리카락이 아닌 자신의 냄새가 배어있는 것이 아니고는 의미가 없다.
　참고로 반려견의 발바닥 냄새를 좋아하거나 애인의 겨드랑이 냄새를 좋아하는, 이른바 냄새 페티시즘 성향을 보이는 사람도 있는데, 이 또한 반려견이나 애인의 존재감을 확인하는 행위일 가능성이 크다.
　어느 쪽이든 이런 버릇이 있어 부끄러운 사람들은 안심해도 좋다. 정도가 심하면 문제가 되지만 적당한 선에서는 그런 사람이 많다.

시계를 보는 버릇이 있는
사람과 교섭할 때의 주의점

시간이 없지만 직접 시간이 없다고 말할 수 없을 때 대부분 사람은 시계를 보는 동작을 취한다. 이야기가 재미없어 지루하거나, 빨리 그 자리에서 벗어나고 싶을 때도 같은 행동을 한다.

하지만 지루한 것도 아니고 여유가 있는데 버릇처럼 시계를 보는 사람이 있다. 게다가, 시계를 차고 있는데도 책상 위에 탁상시계를 올려 두는 사람이 있는가 하면, 식사 중에도 손목시계나 휴대전화를 테이블 위에 올려 두고 자꾸만 시간을 확인하는 사람도 있다.

이런 사람은 회사의 업무나 사적으로 일이 많아 시간에 쫓기는 생활을 하는데, 그중에는 실제로 그 정도까지는 아닌데 본인이 바쁘다고 생각하는 때도 있다. 이런 유형은 야심가에 출세 의지가 강한 사람들에게서 많이 볼 수 있다. 이들은 언제나 시간에 쫓긴다는 압박감에 스트레스에 약하고 사소한 일에 화를 내는 경향도 있다.

그러니 이런 사람과 대화할 때는 시간뿐 아니라 느릿한 어조와 몸짓에도 괜히 화를 낼 수 있으니 단시간에 끝내는 것이 현명하다.

전철에서 다리를 벌리고 앉는 사람의 심리

　전철과 같은 공공장소에서는 당연히 예의가 필요하다. 그런데 필요 이상으로 다리를 넓게 벌리고 앉는 사람을 가끔 볼 수 있다. 사람들이 적은 한가한 낮이 아닌 출퇴근 시간처럼 붐빌 때는 더욱 눈살을 찌푸리게 한다. 신체적으로 다리가 길어 가지런히 모아 앉기 힘들거나 이해할 수 있는 이유가 있는 것이 아닌 경우에는, '영역 의식'을 나타내기 위한 행동인 때가 많다.

　대부분 사람은 무의식적으로 다리를 벌리는 경우가 많은데 잠재의식 속에 영역 의식에 대한 욕구가 감추어져 있기 때문이다.

　이처럼 영역 의식이 강한 이유는 자기 영역을 침해받고 싶지 않기 때문이다. 거꾸로 말하면, 자기가 전혀 강하지 않아 센 척하며 영역을 주장한다.

　정의감에 못 이겨 다리를 좀 오므려 달라고 요구하면 상대방은 자신의 영역이 침범낭했나고 생각하여 오히려 화를 낼 수 있다. 이럴 때는 신중하게 말을 건네는 것이 좋다.

남의 버릇이 신경 쓰이는 이유

타인의 버릇에 대해 신경을 쓰지 않으려 해도 신경 쓰이는 경우가 많다. 짧은 시간이라면 괜찮으나, 장시간 얼굴을 맞대고 있는 사람이 다리를 떨거나 자꾸만 얼굴을 만진다면 신경이 쓰여서 대화에 집중하기가 힘들 것이다.

상대방의 버릇을 신경 쓰는 심리의 정체는 다음과 같다. 누군가의 버릇이 신경 쓰이는 이유는 그 사람의 생각이 궁금하다는 뜻이다.

이야기하면서도 '이 사람은 지금 무슨 생각을 하고 있을까?', '지루해하는 걸까?' 하고 그의 속마음을 읽기 위한 안테나를 곧게 세우는 것이다.

반면, 이런 유형의 사람은 상대가 자신을 어떻게 생각하고 있는지 신경을 많이 쓴다. 그리하여 자신이 지금 어떤 상황에 놓여 있는지가 최대의 관심사이다. 마주하고 있는 사람이 신경 쓰이는 한편, 자신이 그를 즐겁게 해 주고 있는지, 무뚝뚝하게 대하고 있는 것은 아닌지 자문자답하거나 눈치를 본다.

그렇게까지 예민할 필요는 없으나 신경을 쓴다. 이런 사람은 자신의 버릇에 대해서는 관대한 경우가 많다.

사타구니 부분에 두 손을 모으는 남자가 감추려는 것

　회장님이나 사장님처럼 지위가 높은 사람들이 있는 모임에 간다면 자리에 들어섰을 때 한 바퀴 돌아보아라. 둘러보면 사타구니를 두 손으로 가리듯이 서 있는 남자를 한두 명쯤 보게 될 것이다.

　남자의 이런 행동은 불안과 긴장, 경계심의 표현이다. 공격받았을 때 가장 약한 부분을 가리려는 것은 동물적인 본능이다. 이는 중요한 부분을 보호함으로써 불안을 떨쳐 버리려는 심리적 표현이다.

　이런 남자는 간부들이 아닌, 부하 직원이나 젊은 신입사원인 경우가 많다. 겉으로는 태연한 척하지만, 자신도 모르게 손이 사타구니로 향하는 것이다. 만일 자신에게 이런 버릇이 있다면 의식하지 못하는 사이에 불안이나 긴장감을 느끼고 있다는 증거이다. 이런 부정적인 자세를 주변에서 알아차리기 전에 사타구니에서 손을 떼자. 그리고 손을 허리로 가져가 가슴을 펴자. 당당한 자세를 취하면 긴장되는 기분도 자연스럽게 가라앉아 안정을 찾는 데 효과를 본다.

뒷짐 지고 천천히 걷는 사람의 자신감

걸음걸이에도 그 사람의 특징이 나온다. 자신의 정원을 산책하는 갑부처럼 뒷짐을 지고 느릿느릿 걷는 사람은 프라이드가 높은 사람이다.

손을 등 뒤로 돌리고 맞잡는 행동은 무방비 상태이다. 누군가와 부딪히면 바로 균형을 잃게 되고 갑자기 공격당해도 반격하기가 힘들다. 하지만 자신에게 그런 일이 일어나지 않을 것을 알기에 망설임 없이 손을 등 뒤로 돌리는 것이다.

이런 동작은 원장이나 사장 등, '장(長)'이 붙는 사람들에게서 많이 볼 수 있다. 만약 거래처 상대가 그렇다면 이는 그가 '우위에 서고 싶다'고 생각한다는 뜻이다.

상대가 자신보다 위치나 연령상으로 윗사람이라면 그런 행동만으로도 압도될 수 있지만, 일로 만나는 상대라면 겁먹을 것이 없다. 의외로 자신만만한 사람이 아닌, 그저 '자신감을 느끼고 싶어 하는' 바람의 표현일 가능성이 크기 때문이다. 그러니 이쪽도 지지 말고 당당하게 행동해야 한다.

필요 이상으로
가슴을 펴는 사람의 심리

눈에 띄는 얼굴이 아니어도 자세가 바른 사람에게는 호감을 느끼기 쉽다. 그러나 필요 이상으로 가슴을 펴는 사람에게는 자연스럽게 위화감을 느낀다. 본래 자신의 자세가 아니라 의식하고 취하는 자세이기 때문이다.

올림픽이나 국제 스포츠 경기에서 선수들의 인터뷰를 볼 때 이렇게 말하는 선수가 있다.

"경기에서 패배하기는 했지만 최선을 다했으니 가슴을 펴고 돌아가고 싶습니다."

즉, 가슴을 편다는 것은 용기를 북돋기 위한 하나의 '수단'이다. 그렇게 생각하면 과장스러울 만큼 가슴을 펴는 것은 절대 그 사람이 자신감이 가득해서가 아님을 알 수 있다. 오히려 자신이 없거나 약한 모습을 사람들에게 보이지 않으려고 일부러 그런 자세를 취하는 것이다.

이런 사람은 속마음을 알기 쉬우므로 특별히 남에게 해를 입히는 일도 없다. 그러니 너무 깊이 생각하지 말고 대한다면 문제없을 것이다.

다리를 엑스자로 교차시키는 이유

버스 정류장에서 두 다리를 엑스자로 교차시키고 앉아 휴대전화를 만지작거리는 여성을 볼 때가 있다. 이때 낯선 남성이 버스를 기다리기 위해 가까이 다가오면 여성은 경계하듯이 교차시키고 있던 다리를 오므려 고쳐 앉는다.

앞에서도 언급했지만, 다리를 교차하는 자세는 심적으로 편한 상태라는 뜻이다.

예를 들면, 누군가와 서서 이야기할 때 상대가 다리를 교차시킨 자세라면 편하고 즐거운 대화를 하고 있다는 뜻이다. 균형이 깨지는 무방비한 자세를 취한다는 것은 그 사람과 있으면 마음이 놓인다는 안도감의 표시이기 때문이다.

만약 상대의 이런 동작을 보았을 때, 당신도 상대에게 호감이 있다면 똑같이 다리를 교차시켜 보자. 이는 상대의 몸짓을 흉내 냄으로써 긍정적인 감정을 이끌어 내는 행동이다. 심리학에서는 '미러링 효과(Mirroring)'라 한다.

상대와 똑같이 다리를 교차시킴으로써 '당신과 함께하면 유쾌하고 마음이 편하다'는 자신의 마음을 자연스럽게 전할 수 있는 것이다.

누군가의 앞을 지나갈 때
허리를 구부리고
손을 들어 올리는 이유

예를 들어 병원 복도 끝에 있는 책을 가지러 가고 싶은데 거기까지 가려면 텔레비전을 보고 있는 사람 앞을 지나가야만 하는 상황이라고 하자.

이럴 때, '잠시 좀 지나가겠습니다'라는 의미로 허리를 구부리고 손을 올리며 지나가는 사람이 있다. 이 행동은 나이가 있는 사람들에게서 볼 수 있는 행동같지만 잘 관찰하면, 젊은 사람 중에도 이런 행동을 하는 사람이 의외로 많다.

이 같은 행동의 의미는 '시야를 가려 죄송합니다'라는 뜻이다. 하지만 좀 더 깊이 들어가 보면 '당신의 영역을 침해해 죄송합니다. 하지만 나쁜 의도가 아니니 안심하세요'라는 뜻도 포함되어 있다.

따라서 이런 사람을 보고 부정적인 감정을 갖는 이는 없을 것이다. 자신보다 손윗사람이나 모르는 사람의 앞을 지나가야 하는 실례를 하기 전에 이런 행동을 취한다면 좋은 인상을 심어 줄 수 있을 것이다.

깍지를 낄 때 먼저 올라오는 손으로 아는 성격

대화 중에 테이블이나 자신의 무릎 위에 깍지 끼고 앉아 있는 사람을 종종 본다. 이런 동작에서도 그 사람의 성격을 알 수 있다.

오른손의 엄지손가락이 위로 오는 사람은 합리적이고 현실적인 성격일 가능성이 크다. 매사 꼼꼼하고 착실한 사람으로 어려운 문제에 직면해도 도중에 포기하는 일 없는 강한 신념을 갖고 있다. 이런 사람은 직장에서 장기 프로젝트를 함께할 기회가 생기면 자신에게 좋은 기회라 생각해 적극 참가하려고 한다.

반대로 왼손의 엄지손가락이 위로 올라오는 사람은 이성보다는 감성, 직감적인 감각이 발달한 유형으로 주변 사람을 깜짝 놀라게 하는 아이디어를 내놓기도 한다. 새로운 기획에 필요한 아이디어를 단시간 내에 내놓아야 할 때도 초조해하지 말고 기다리면 획기적인 아이디어를 떠올릴 것이다. 협조성도 좋으니 사람들에게 연락을 취하거나 남을 이끄는 일을 맡기면 숨겨진 저력을 보여 줄 것이다.

손가락 깍지는 뇌의 움직임과 깊은 관계가 있다고 한다. 오른쪽 손의 엄지손가락이 위로 올라오는 사람은 '논리뇌'라 불리는 왼쪽 뇌가 발달해 있음을 뜻하고, 왼쪽 손의 엄지손가락이 올라오는 사람은 '직관뇌'인 오른쪽 뇌가 발달해 있음을 뜻한다.

전화하면서 고개 숙여
인사하는 이유

감사의 말이나 사죄의 말을 전하기 위해 전화로 통화하는 중에 자신도 모르게 고개 숙여 인사했던 경험이 있지 않은가?

이는 자신을 이용해 상대에게 이해를 촉구하는 '도해적 행동'이라 불리는 행위의 일종으로, 전화상이라 상대가 보이지 않음에도 그 같은 동작을 하는 것이 자신의 의도를 더 잘 전할 수 있을 것이라는 심리에 의한 행동이다.

예를 들면, 업무상의 실수로 사과할 때가 그런 경우이다. 눈앞에 상대가 없다고 해서 대충 말로 사과할 때와 실제로 고개 숙이며 사죄의 뜻을 전할 때와는 진심을 전하는 방법에 커다란 차이가 있다.

하지만 눈앞에 없는 상대에게 고개 숙여 인사하는 사람은 예의가 바르고 정직한 만큼 소심하기도 하다.

지나치게 정직한 사람은 대부분 거짓말을 할 줄 모른다. 그러니 전화 상대에게 무서운 어조로 추궁당했을 때, 하지 않아도 되는 말까지 입 밖으로 내지 않도록 주의해야 할 것이다.

손바닥에 땀을 잘 흘리는 사람의 성격

처음 만나는 사람을 마주하면 너무 긴장한 나머지 손바닥에 땀을 흘리는 사람이 있다. 그러나 의외로 사교적인 성격으로 사람을 쉽게 사귈 수도 있다.

사람을 쉽게 사귈 수 있는 사람은 타인과 적당한 거리를 유지할 수 있다. 본인이 침범당하고 싶지 않은 선이 있어 다른 사람의 선도 존중해 주고 이를 지키려 한다.

관계에 대한 타고난 거리 감각이 있어 어떤 상대를 만나도 잘 지낼 수 있다.

그리고 그 거리감을 유지하기 위해 다른 사람에게 신경을 쓰고 배려하는 점이 특징이다. 처음 만난 사람에게 더욱 신경을 쓰는 만큼, 긴장하고 손바닥에도 땀을 흘리는 것이다.

극도로 긴장해서 악수하기를 꺼릴 정도로 손바닥이 땀으로 흠뻑 젖는 사람도 있으나, 이런 사람일수록 주변 사람들을 배려할 줄 안다. 따라서 이런 사람과의 첫 대면에서는 마음을 편안히 하고 다가가면 좋다.

수화기 아랫부분을 잡는
사람의 성향

전화의 수화기를 잡는 방법은 사람마다 다르다. 수화기를 잡는 자세로도 그 사람이 업무에 임하는 태도를 알 수 있다.

수화기 아랫부분을 잡는 사람은 무리해서 일을 진행하는 유형이다. 단기간에 완수해야 하는 일을 맡았을 때나 우직한 추진력이 필요할 때일수록 그 진가를 발휘한다. 단지, 흥분해서 혼자만 앞서 가는 경향이 있다.

이에 반해 수화기 윗부분을 잡는 사람은 침착하고 냉정한 유형이다. 매사에 너무 진지해지는 경향으로 힘들게 얻은 기회를 놓쳐 버리기도 한다. 참고로 수화기 아랫부분을 잡는 사람은 남의 이야기를 듣는 것보다 자신이 대화를 주도하고자 하는 의지가 강하고, 윗부분을 잡는 사람은 남의 이야기를 가만히 들어 주려는 경향이 강하다.

자신을 포함해, 직장에서 동료 직원이 수화기를 잡는 방법을 관찰하면 의외의 성격을 알 수 있다. 간단하고 쉽게 상대의 성격을 아는 방법으로 알아 두면 유용할 것이다.

대화 중에 두 손으로 자신의 볼을 감싸는 이유

여성이 두 손으로 자신의 볼을 감싸는 자세를 취하는 것은 들은 이야기에 놀라서인 때가 많다. 이야기에 빠져 들어 거기에 나오는 등장인물과 자신을 같게 여기는 것이다.

가령 "친구 아버지가 갑자기 쓰러지셔서…"라는 이야기를 들으면 두 손으로 볼을 감싸며 "어머! 큰일이네, 어떡하니…" 하는 식이다.

또한, "실은, 남자 친구가 바람을 피웠어"라는 친구의 이야기에도 "그 사람 정말 나쁘다"고 슬퍼하며 이런 동작을 취한다.

이때의 그녀는 친구를 동정하거나, 친구에게 동화되어 있는 것이다. 마치 자신이 실연당한 것처럼 말이다. 드라마를 보면서 쉽게 감정이입하는 사람도 이런 유형이다.

이런 여성은 이야기를 들었을 때 그 내용에 빠지기 쉬우므로 다른 사람이 실연당한 친구를 두고, 양다리 걸치는 남자를 만난 여자에게도 잘못이 있다고 말하면 그 사람을 비난하거나 차갑다고 한다.

| Chapter 03 |

행동으로 읽는 심리

약속 시간보다 지나치게 빨리 오는 사람

약속 시간보다 상당히 일찍 오는 사람은 시간에 여유를 갖고 움직이는 것처럼 보인다. 하지만 실제로는 의외로 시간 관리에 서툴고 느긋한 성격인 사람이 많다. 자신이 시간 약속을 잘 지키지 못한다는 사실을 알기 때문에 약속 시간에 늦지 않기 위해 일찌감치 움직이는 것이다. 그래서 뜻하지 않게 너무 이른 시간에 도착한다.

자신이 시간관념에 허술하다는 사실을 잘 알기 때문에 남에게 폐를 끼치지 않으려고 부지런히 움직이는 것을 보면 천성이 착한 사람이기는 하다.

그러나 약속 시간에 도착하기 위해서 몇 분 전에 출발해야 하고 그러기 위해서는 얼마 전에 준비해야 하니 몇 시에 일어나야겠다는 계획을 철저하게 세우지 못한다는 뜻이기도 하다.

또한, 이런 사람이 언제나 약속 시간보다 빨리 온다고 속단하는 것은 금물이나. 약속 장소에 빨리 와 있지 않으면 반대로 약속 시간을 훌쩍 넘기고 나서야 부랴부랴 나타날 가능성이 크기 때문이다. 시간관념에 허술하다는 건 이런 뜻이다.

영수증을 구겨서
동그랗게 만드는 심리

   식당이나 편의점 등 계산대에서 대부분 영수증을 받는다. 받은 영수증을 지갑 속에 가지런히 넣어 두거나 쓰레기통에 버리는 등 처리 방법은 저마다 다를 것이다. 개중에는 영수증을 구겨서 동그랗게 만드는 사람도 많다.

   이 행동 속에 그 사람의 심리가 감추어져 있다. 바로 버리는 것도 지갑에 넣는 것도 아닌, 구겨서 동그랗게 만드는 행동은 스트레스가 상당히 쌓여 있음을 의미한다.

   즉, 영수증을 구기는 행위가 나름의 스트레스 해소 방법이다. 작은 종이를 구겨서 동그랗게 만드는 행동이 스트레스 해소에 효과적일까 하는 의구심이 생길 것이다. 물론, 이런 행동만으로 완전히 스트레스가 해소되지는 않는다. 다만 이런 행동을 반복하는 사람은 언젠가 겪게 될지 모르는 더 큰 스트레스에 대한 해소법을 구하는 것이다. 즉, 영수증을 동그랗게 구기는 행동은 더 큰 스트레스를 해소하기 위한 '도움닫기'이다.

반 이상 남은 담배를
비벼 끄는 심리

대화 중에 상대가 담배를 어떻게 피우는지를 주의해서 보면, 그 사람의 기분을 알 수 있다.

예를 들면, 담배를 손가락 사이에 끼운 채 피우는 것을 잊어버려 담뱃재가 떨어질 것 같다면 이야기에 집중하고 있다는 증거이다. 그리고 담배를 입으로 가져갈 여유가 없어 재떨이에 둔 채 건들지 않는 경우 역시 이야기에 집중하고 있다는 뜻이다.

이와 정반대인 경우가 담배에 불을 붙이나 싶더니 제대로 피우지도 않고 비벼 끄는 사람이다. 이는 이야기를 빨리 매듭짓고 다른 장소로 떠나고 싶어 하는 것이다. 게다가 별로 피우지도 않은 담배가 순식간에 재떨이를 가득 채운다면 그 사람은 조금이라도 빨리 그 자리를 뜨고 싶어 조급해하고 있다는 뜻이다.

담배를 끄는 것은 이야기를 마무리 짓고 자리를 뜰 때 하는 행동이다. 그런 행동을 반복한다는 것은 대화를 빨리 끝내고 싶다는 감정의 표현이다.

또한, 담배를 자주 끄면서 자리를 뜰 수 있는 순간을 노리는 때도 있다. 그러니 상대가 이런 태도를 보인다면 서둘러 대화의 결론을 내는 것이 좋다.

마주 보고 앉았을 때 물건을 옆으로 치우는 이유

두 사람이 테이블을 사이에 두고 앉았을 때, 상대가 당신과 거리를 두고 싶어 하는지, 친해지고 싶어 하는지를 알 수 있는 간단한 방법이 있다. 그중 하나가 테이블 위에 있는 물건을 옆으로 치우는 행동이다.

특히 테이블에 흔히 놓여 있는 물건을 어떻게 다루는지를 보면 쉽게 알 수 있다. 물건을 옆으로 치워서 둘의 사이를 가로막는 물건을 없앤다면 그는 당신과의 거리를 좁히고 싶어 한다는 뜻이다.

사람은 관심을 둔 상대를 더 자세히 알고 싶어 하기 마련이다. 잘 알기 위해서는 그 사람에게 가까이 다가가 잘 보아야 한다. 그래서 무의식적으로 그 사람과의 거리를 좁히려고 한다.

물건을 옆으로 밀쳐 두는 행동. 즉, 두 사람 사이의 장애물을 제거하는 행동은 그러한 감정의 표현이다. 둘 사이를 가로막은 것을 없애고 나면 그만큼 그 사람이 잘 보이는 것 같은 기분이 든다. 물론 단순한 착각일지 모르지만, 상대에 대한 높은 호감도의 표현으로 볼 수 있다.

담배를 꾹 눌러
끄는 행동의 이면

전 세계적으로 금연을 권유하는 추세이지만 담배로 꿰뚫어 볼 수 있는 심리는 의외로 많다. 그도 그럴 것이 애연가에게 흡연은 양치하고 잠자리에 드는 것처럼 일상적인 행동의 하나이기 때문이다.

예를 들면, 담배를 끄는 방법 하나에도 그 사람의 버릇이 묻어 있다. 담배를 꾹 눌러 끄는 사람은 경쟁심이 강한 유형으로 모호한 것을 견디지 못하는 결벽적인 면이 있다.

일은 말할 것도 없고 가벼운 마음으로 즐기는 게임에도 전력을 다하고 지면 정색하고 분해한다. 또한, 금전적인 면에서도 밥 한 그릇 사는 건 있을 수 없는 일로, 가벼운 마음으로 한턱내거나 자신이 얻어먹는 것 자체를 싫어한다.

이와는 정반대로, 피우다 만 담배를 줄곧 재떨이에 올려 두는 경우는 허술하고 칠칠치 못한 사람으로 뭐든 적당히 하려는 경향이 있다.

언제나 출입구 가까이에 앉는 이유

강연장, 회의실, 혹은 교실 등에서 자신이 원하는 자리에 앉을 수 있을 때, 출입구 가까이 앉는 사람이 있다. 앞쪽 자리도 아니고 다른 사람들과 쉽게 의사소통할 수 있는 가운데도 아닌 굳이 출입구에 가까운 곳을 선택하는 사람. 이런 사람은 마음속 어딘가에 불안을 안고 있을 수 있다.

화재 등의 긴급사태가 발생했을 때 바로 뛰어나갈 수 있도록 출입구 가까이 있는 자리를 선택하는 것이라면 이해할 수 있다. 하지만 그 긴급사태의 의미를 넓게 확장해 해석하면 '내가 이 자리에 있어도 되는 걸까?', '내가 이 장소에 익숙해질 수 있을까?', '그들이 날 받아들여 줄까?' 하는 불안이 무의식에 남아 있는지도 모른다.

만약 그 불안이 현실로 일어나면 언제든 밖으로 도망칠 수 있게 대비하고 싶은 심리 탓에 자신도 모르게 출입구와 가까운 자리에 앉는 것이다.

자신이 원할 때 밖으로 나가지 못하는 때도 마찬가지이다. 출입구 가까이에 있음으로써 마음의 불안을 조금이라도 없애려 한다.

상대가 앉은 자리로
심리를 파악한다

　자리를 자유롭게 선택할 수 있는 곳에서 누군가와 둘이 앉게 되었을 때, 상대가 당신을 기준으로 어떤 위치에 앉느냐에 따라 당신에게 품고 있는 친밀도를 알 수 있다.

　예를 들면, 회의실에서 누군가가 당신과 90° 위치에 앉는다면 그 사람은 당신과 같은 의견을 갖고 있을 가능성이 크다.

　거리상 가깝고 때에 따라 손이 스칠 수 있는 위치에 앉는다면 당신에게 상당한 친근감을 느끼고 있다는 증거이다.

　그리고 그런 위치라면 서로의 눈을 보며 이야기할 수 있으므로 간단히 의견 교환도 할 수 있다. 물론 자연스레 시선을 피할 수도 있고 서로가 자유롭게 긴장을 풀 수 있는 위치이다.

　반대로 누군가가 당신과 마주 보고 앉는다면 그다지 당신에게 친밀감을 느끼고 있지 않을지 모른다.

　친밀감은커녕, 반감이나 적의를 갖고 있을 가능성도 있다. 이런 사람은 회의에서 당신의 의견이나 주장에 맞서거나 생트집을 잡을 수도 있으니 주의해야 한다.

잔돈이 생기지 않게 계산하는 심리

돈을 낼 때 잔돈이 생기지 않게 100원 단위까지 딱 맞게 계산하는 사람은 사소한 것에도 신경을 많이 쓰는 유형이다. 이런 사람의 대부분은 현재 자신의 지갑에 얼마가 있는지를 정확히 파악하여 가격의 100원, 심지어 10원 단위까지 본다. 그래서 '지금 지갑에 잔돈이 얼마 있으니까 그걸 쓰면 되겠다' 하고 생각한다. 자기가 얼마를 갖고 있었고 그중 얼마를 썼는지를 정확하게 파악하고 있는 것이다. 어떤 의미에서는 예민하고 신경질적이라 할 수도 있다.

이런 사람의 지갑은 언제나 말끔하다. 남들보다 잔돈을 쓸 기회가 많아서 항상 정갈히 정리되어 있다. 그리고 가끔 잔돈이 너무 많아 지갑이 불룩해지면 신경이 쓰여서 어쩔 줄 몰라 한다. 사소한 것에도 신경을 쓰고 얽매이니 신경질적인 유형으로 볼 수 있다.

또한, 이들은 친구들과의 술자리에서 더치페이할 때, 100원 단위까지 정확하게 계산하지 않으면 직성이 풀리지 않는다. 함께 있으면 피곤하기도 하지만 어떤 면에서는 믿음직스러운 부분도 있다. 일도 마지막까지 완벽히 마무리 짓고 난 뒤에 전후 상황을 맞추어 보기 때문에 상사에게 마무리가 야무지지 못하다는 질책을 들을 일도 적다.

서서 대화를
마무리하려는 이유

　같은 직장이니 대화할 기회가 얼마든지 있을 텐데도 무슨 이유에서인지 서서 이야기하려는 사람이 있다.

　대화할 때의 자세는 앉거나 서는 것밖에 없다. 바쁠 때는 짧은 시간에 빨리 대화를 마무리 지어야 하니까 서서 이야기하는 편이 편할 수도 있다. 하지만 시간이 여유로운데도 서서 이야기하려는 사람은 당신을 대하는 것을 꺼려서 마음을 열지 못하고 있는 것일 수 있다. 서로가 신뢰하거나 호감을 느끼고 있다면 서서 이야기하기보다 앉아서 이야기하는 것이 몸도 마음도 편하고 이야기도 한층 더 무르익는다.

　하지만 자신이 어려워하는 사람과 이야기하는 경우는 어떨까?

　'이 사람은 대하기 정말 힘들다.', '나하고는 영 안 맞는 거 같아.' 하고 자신의 속마음이 들킬까 봐 신경 쓰면서 이야기할 것이다.

　이런 사람은 상대에게 자신의 본심이 들키지 않게 될 수 있으면 서둘러 대화를 끝내고 싶어 할 것이다. 그러기 위해서는 용건이 끝나자마자 바로 그 자리를 뜰 수 있는, 서서 이야기하는 방법이 가장 좋다.

대화 중에 자꾸만 물을 마시는 이유

찌는 듯이 더운 여름날에 약속 장소에 헐레벌떡 뛰어왔다면 땀도 날 테고 목도 마르기 마련이다. 눈앞에 물이나 음료수가 있다면 단숨에 마셔 버릴 것이다. 이는 사람의 생리적인 욕구로 당연한 현상이다.

그러나 그다지 덥지도 않은데 물을 벌컥벌컥 마시는 사람이 있다. 이런 사람의 말 속에는 거짓말이 섞여 있을지 모르니 주의해야 한다.

본인은 교묘하게 숨기고 있다고 생각할지 모르지만, 몸은 정직해서 거짓말을 하면 입술이 바짝바짝 마르고 목이 타는 법이다. 그대로 있으면 기침이 나거나 말이 잘 나오지 않기 때문에 음료수나 물에 손이 가는 횟수가 늘어나는 것이다.

거짓말뿐만 아니라, 자신에게 불리한 질문을 받거나 많은 사람 앞에서 연설해야 할 때와 같이 불안과 긴장에 직면했을 때도 같은 반응이 나온다. 침을 삼키거나 혀로 입술을 자주 핥는 것은 몸에 수분을 공급하고 싶을 때 나타나는 행동이다.

따라서 긴장하고 있다는 사실을 남에게 들키고 싶지 않다면 너무 자주 수분을 섭취하지 않도록 주의해야 한다.

곧바로 머리 숙이며 사과하는 사람을 믿지 말라

겉으로는 웃고 있지만, 속으로는 우는 심리 상태가 있다. 하지만 사회생활에서는 이와 반대인 경우도 자주 접한다. 가령 실수하면 그 자리에서 바로 굽실거리며 사과하는 사람은 너무 믿지 않는 것이 좋다. 좀처럼 머리를 숙이지 않는 사람과 비교한다면 바로 사과하는 사람에게 신뢰감이 생기기 마련이다. 하지만 도가 지나치다면 조심하는 게 좋다.

왜냐하면, '죄송합니다'가 진심으로 하는 말이 아니라 '내가 사과만 하면 이 상황을 모면할 수 있겠지' 혹은 '지금 사과해 두는 게 나중을 위해서도 좋겠지!' 하고 단지 그 상황을 무마시키기 위해서 머리를 숙이는 때도 있기 때문이다.

언뜻 보기에 미안해하는 얼굴을 보여도 마음으로는 상대방을 업신여기며 혀를 내밀고 있을지도 모른다. 이런 사람은 좀처럼 속마음을 남에게 보이지 않기 때문에 주의해야 한다.

또한, 이런 사람은 속내를 보여야 하는 깊은 인간관계를 싫어하는 경향이 있으니 중요한 상담은 피하는 것이 좋다.

'죄송합니다'라는 말 속에 감추어진 속마음

"미안해요…"

"정말 죄송합니다"

【속마음】
일단은 사과 먼저 하고 보자.
화나게 하면 곤란하니까 저자세로 가자.
사과해서 해결될 일이라면, 얼마든지 사과할 수 있지.

부지런히 술을 따르는 사람의 심리

뒤풀이나 회식 자리에서 직장 상사나 선배의 잔이 비어 있으면 술을 따르는 것이 예의다. 이를 요령 있게 잘하면 눈치 빠른 사람이라는 소리를 듣는다. 물론 틀린 말은 아니지만 한 발짝 더 들어가 보면 또 다른 심리를 볼 수 있다.

이런 사람은 자신의 이성을 또렷하게 유지하기 위해 바지런히 술을 따르는 것인지도 모른다.

술자리는 속마음이 드러나기 쉬운 장소이다. 평소에는 얌전하던 사람이 갑자기 난폭해지거나 입에 담지도 않던 욕설을 퍼붓는 등, 진기한 광경을 볼 수 있다.

그러나 항상 남의 술잔을 확인하면서 술을 따라 주면 자신의 주량도 조절할 수 있고 이성을 잃지 않을 수 있다.

즉, 주변 사람들에게 술을 따름으로써 본모습이 표출되지 않도록 억누르는 것이다. 그리고 하나 더, 이런 사람은 경계심이 굉장히 강하므로 어느 정도 친해지지 않으면 속마음을 털어놓지 않는다.

하지만 날카로운 관찰력의 소유자이기도 하니 술을 따라 주었을 때 반드시 감사의 말을 잊어서는 안 된다. 예의 바른 모습을 인상에 남기면 훗날 손해될 일은 없기 때문이다.

전철역에서 하는
골프 연습의 의미

전철을 기다리면서 손에 들고 있던 우산으로 스윙하는 중년 남성을 볼 때가 가끔 있다. 이런 행동의 이면을 읽어 보면 조금 안타까운 현실이 드러난다.

우선, 연습하는 정도니 골프를 좋아하는 것은 틀림없으나 우산으로 제대로 된 연습을 할 수 있을 리도 없다. 그 같은 행동의 목적은 휴식을 위한 작은 기분 전환이다.

거기다 퇴근 후 집으로 돌아가는 길에 이런 행동을 하는 것은 마음속 어딘가에 '집에 가고 싶지 않다'는 심리가 숨어 있다. 말하자면 집에 가는 일이 스트레스인 것이다.

퇴근길에 동료가 갑자기 스윙하는 시늉을 한다면 "간단하게 한잔하고 갈까?" 하고 제안해 보자.

그가 두말없이 승낙한다면 술자리로 자리를 옮겨 자연스럽게 근심거리를 물어보면 고민을 알 수 있다.

텔레비전 채널을
자주 바꾸는 이유

　수시로 텔레비전 채널을 돌리는 사람과 그렇지 않은 사람이 함께 텔레비전을 보면 다투기에 십상이다. 혼자 사는 사람이라면 누군가에게 폐를 끼칠 염려는 없을 테니 상관없다. 하지만 한 사람이 드라마를 재미있게 보고 있는데 옆에 있는 사람이 수시로 채널을 돌린다면 당연히 싸움이 나기 마련이다.

　이렇게 진득하게 프로그램 하나를 끝까지 보지 못하고 끊임없이 채널을 바꾸는 사람의 내면에는 욕구불만이 쌓여 있을 수 있다. 무엇을 봐도 뭔가 부족하고 재미없어서 슬쩍슬쩍 다른 채널을 돌려 보는 것이다.

　바빠서 텔레비전을 볼 시간이 얼마 없는 사람은 이보다 더해서 채널을 돌리다가 오히려 짜증이 심해지는 때도 있다.

　하지만 자신의 생활에 만족하는 사람이라면 이런 행동을 하지 않는다. 만약, 당신이 텔레비전 채널을 돌리는 빈도가 늘었다는 생각이 든다면 욕구불만으로 스트레스가 쌓이고 있다는 뜻이므로 텔레비전이 아닌 다른 방법으로 서둘러 없애야 한다.

방 안을 구석구석 확인하는 이유

친구들이나 연인이 함께하는 여행에서는 문제가 곧잘 생긴다. 평소보다 긴 시간을 함께 있으면서 그동안 몰랐던 상대의 새로운 모습을 알기 때문이다.

여행을 함께하면 그 사람의 성격이나 버릇을 잘 알 수 있다. 특히 여행지의 숙소라는 비일상적인 공간에서 일상이 투영되기 때문에 뜻밖의 면을 발견하기도 한다.

재미있는 경우는 방에 들어서자마자 화장실과 서랍 등 방 전체를 살펴보지 않고는 마음이 놓이지 않는 사람이다. 누구나 최소한의 확인 정도는 하지만 마치 보물이라도 찾듯이 구석구석 확인하는 사람이 있다. 이렇게 세세하게 확인하는 행동은 그 공간에 빨리 적응하고 싶어 하는 감정에서 생긴다. 방 안을 하나하나 둘러봄으로써 불안 요소를 없애고 익숙해져서 긴장을 풀고 싶은 것이다.

연인과 함께 여행을 갔는데 이런 행동을 하는 그(그녀)를 보고 산만하다고 판단하는 건 경솔한 생각이다. 생각하기에 따라서는 오히려 세세한 부분도 신경 쓸 줄 알고 위기 상황에 대한 대처 능력이 뛰어나다고도 할 수 있다.

엘리베이터의 '닫힘' 버튼을
누르는 사람

대부분의 사람은 엘리베이터를 타면 층수 버튼을 누르고 문이 닫히기를 기다리거나 층수를 누른 뒤 바로 닫힘 버튼을 누를 것이다.

그중에서도 자주 엘리베이터를 이용하는 사람일수록 닫힘 버튼을 누르는 행동이 습관처럼 몸에 배어 있다. 반대로 자신이 내리면서 동시에 문이 닫힐 수 있도록 닫힘 버튼을 누르면서 나가는 감각 있는 사람도 있다.

이런 행동은 언뜻 보기에 다른 사람을 배려할 줄 아는 세심한 사람인 것처럼 보이지만 실은 그렇지 않다.

미국인 의사 메이어 프리드먼(Meyer Friedman)의 말에 따르면 그냥 내버려 두어도 자동으로 닫히는 문을 굳이 버튼을 누르면서까지 빨리 닫으려는 사람 중에는 경쟁심이 왕성한 야심가이며 공격적이고 성급한 유형이 많다고 한다.

또 엘리베이터의 닫힘 버튼을 눌러 한시라도 빨리 문을 닫으려는 사람은 무언가에 조바심을 느끼는 상태라고 할 수 있다.

회사나 아파트, 백화점 등에서 이런 사람을 보게 된다면 공격적이고 성급한 그의 심리를 읽어야 한다.

전화할 때 종이에 낙서하는 심리

전화할 때 대화가 조금 길어지면 종이에 대화 내용과는 관계없는 것을 적거나 낙서하는 사람이 있다. 단순히 이야기가 따분하기 때문이라고 생각하는 사람도 있을지 모르겠다. 하지만 이런 행동에는 이유가 있다.

우선, 자신을 조절하려는 '억제'의 역할이다. 예를 들어, 교섭이 원활히 진행되지 못하고 난항을 거듭하고 있을 때나 부당한 요구를 받았을 때 등, 조바심이 나는 마음을 진정시키기 위해 무의식적으로 낙서하는 것이다.

또한, 속마음을 감추고 싶을 때나 거짓말을 하고 있을 때도 이런 행동을 한다. 전화로 상대에게 감추고 있던 일에 대해 추궁당할 때, 어떻게든 그 위기를 무사히 넘기고 싶은 초조함을 낙서로 달래는 것이다.

게다가 글씨를 쓰면 집중력이 올라가는, 예상하지 못한 부차적인 효과도 있다. 따라서 잠이 오는 나른한 오후에 반갑지 않은 전화를 받게 된다면 종이에 낙서하면서 전화를 하는 것도 좋은 방법이다.

마감 직전에 다른 일을
시작하는 사람의 속마음

내일까지 끝내야 하는 일이 있는데 꼭 그때마다 갑자기 책상 서랍이나 책장 정리를 시작하는 사람이 있다.

이를 현실 도피적인 행동이라 생각하기 쉽지만 실은 그렇지 않다. 만약의 경우를 대비해 핑계를 만들고 있는 것이다. '셀프 핸디캡'이라는 행동으로 사전에 자신에게 불리한 상황을 만들어 놓음으로써 실패했을 때 받는 마음의 상처를 피하려는 심리적 작용이다.

마감 시간을 지키지 못했거나 내용이 불충분할 때, '청소하느라 시간이 없었으니까', '책 읽느라 시간이 없었으니까'와 같은 심리적 핑계를 만드는 것이다. 게다가 자신이 일을 제대로 완수하지 못한 것이 외적 요인 때문이라 보고 자신의 능력과는 상관없는 문제라 판단한다.

참고로 이런 행동을 하는 사람 중에는 잘못을 인정하려 하지 않고 자존심이 강하나, 섬세하고 상처받기 쉬운 유형이 많다는 것도 기억해야 한다.

화려한 넥타이를 매는 사람이 가장 어필하고 싶은 부분

　수수한 디자인이 많은 양복과 비교하면 넥타이는 색상도 무늬도 다양해 그만큼 넥타이를 매는 사람의 개성이 뚜렷이 드러나기 쉽다.

　특히 대담하고 화려한 무늬의 넥타이를 선호하는 사람은 자기주장이 강하고 주목받고 싶어 하는 경향이 강하다. 자의식이 매우 강하다 할 수 있다.

　넥타이는 가슴에 있어 사람의 시선이 쏠리게 되기 마련이다. 강렬한 색상이나 화려한 무늬의 넥타이를 매는 사람은 주목받고 싶어 하고 개성을 강하게 드러내고 싶어 하는 사람이다.

　반대로 아무 무늬가 없거나 밋밋한 줄무늬 넥타이를 즐기는 사람은 주변 사람들과의 조화를 중요하게 여기며 차분한 성격의 소유자가 많다.

　평소에는 수수한 넥타이를 즐기는 정치가가 중요한 연설이나 토론이 예정된 날이면 원색 계열의 넥타이를 매는 행동도 이 같은 심리에 의한 연출이다. 청중이나 토론 상대의 주의를 끌어 자신의 인상을 강하게 남기려는 전략인 것이다.

전철에서 가운데 자리에 앉으려는 사람의 심리

보통 전철 안의 긴 의자는 양옆의 가장 구석 자리에서부터 채워지기 마련이다. 아직 아무도 타지 않은 이른 아침, 첫 열차의 문이 열리면 승객들이 가장 먼저 앉는 곳이 가장 구석 자리이다.

실은 이 행동에는 이유가 있다. 사람은 타인과의 사이에 일정한 공간을 유지하고 싶어 하는 습성이 있다. 일종의 '영역 의식'으로, 누구나 자신의 주변에 남에게 방해받고 싶지 않은 공간을 가지려 한다.

그 공간을 무시하고 누군가가 다가오면 불안해하고 불쾌한 감정을 느끼는 것이다. 양 끝에서부터 전철 좌석이 채워지는 이유가 여기에 있다. 서로가 서로에게 타인이니 될수록 멀리 떨어지려는 본능에 의한 행동이다.

하지만 반대로 보란 듯이 가운데 자리에 앉는 사람도 있다. 이런 사람은 타인과 자신과의 거리를 전혀 신경 쓰지 않는 유형으로 타인이 가까이 있어도 불안하지 않다.

평소 인간관계에도 무관심하고 무신경해 구태여 타인과의 사이에 선을 그으려 하지 않는다. 게다가 남이 반가워하지 않는 개인 영역에도 전혀 개의치 않고 들어간다. 이런 사람과 함께 있으면 산만함을 느낄 수 있다.

어느 자리에 앉는가를 보면
그 사람의 타인과의 거리감을 알 수 있다

양 끝 자리에 앉는 사람	가운데 자리에 앉는 사람
⬇	⬇
본능적으로 영역 의식이 작용하기 때문	타인과의 거리를 신경쓰지 않는 사람

개인 물건을 회사에 가져다 놓는 심리

사무실 책상 위나 그 주변에 있는 모든 물건이 일과 관련 있다고 단정 지을 수 없다. 일과는 관계없는 사적인 사진을 걸어 두거나 좋아하는 인형으로 장식하거나 책과 잡지를 올려 두는 사람이 있다. 더 나아가 사적인 물건으로 사무실 책상을 꾸미는 사람도 있을 것이다.

일과 관련한 물건으로만 가득한 갑갑한 책상이 재미없고 밋밋하게 느껴져 조금이라도 마음 편한 공간으로 바꾸고 싶은 감정의 표현이다.

알고 보면 이런 사람은 개인의 영역을 중요하게 생각하는 유형이기도 하다. 자신의 물건으로 꾸며 개성을 드러낸 책상은 다른 사람의 공간과는 확연히 다르다. 그 공간은 완전히 그 사람의 영역이 되어 '여긴 내 공간이다'라고 주장하는 의지가 느껴진다.

이런 사람은 자기중심적인 경향도 있다. 하지만 자신을 소중히 여기는 만큼, 책임진 일을 소홀히 하는 법 없이 성실하게 끝까지 해내는 강한 모습도 가지고 있다.

언뜻 산만하고 지저분해 보이는 책상에도 그 사람의 개성이나 됨됨이가 뚜렷이 드러나는 것이다.

노래방에서 최신 유행곡만 부르는 사람

유행에 민감한 사람은 노래방에서도 최신 유행곡만 부르는 경우가 많다. 확실히 뜨거운 반응을 얻고 있는 아이돌 노래나 폭발적인 인기를 누리는 노래는 분위기를 한층 더 띄울 수 있고 듣는 사람들의 반응도 좋다.

그리고 그중에서도 히트송을 부르기 위해 마이크를 잡으려 혈안인 사람들이 있다. 이런 사람은 대부분 남의 시선을 받기 좋아하고 거기에 휘둘리는 사람으로 판단할 수 있다.

이런 사람들은 평소 유행하는 노래가 무엇인지 점검하는 일을 게을리하지 않는다. 사람들 앞에서 마치 자신이 가수가 된 듯한 기분을 만끽하며 노래 부르는 데에 쾌감을 느끼기 때문이다.

이럴 때는 아낌없이 손뼉을 쳐 주자. '잘하는데!', '목소리가 좋네요!' 같은 칭찬의 말을 해 주면 상대방의 기분은 더욱 좋아질 것이다.

그리고 '자네는 한 번 하면 잘하니까' 하고 치켜세우면 재촉하지 않아도 눈앞의 일을 알아서 척척 해내기도 한다. 단순하다고도 볼 수 있지만, 살짝 치켜세우면 되니 비교적 다루기 쉬운 유형이다.

사람들이 모여 있는 곳을
지나치지 못하는 사람

　길을 걷다가 사람들이 웅성웅성 모여 있는 모습을 봤을 때, 사람의 반응은 다양하다. 무시한 채 그대로 지나가는 사람이 있는가 하면, 가던 길을 멈춰 서서 사람들이 왜 모여 있는지를 확인하려는 사람도 있다. 물론 바쁜 용무가 있어 어쩔 수 없이 지나치는 사람도 있다.

　사람들이 모여 있는 모습을 보면 그냥 지나치지 못하는 사람은 평소 인간관계를 소중히 여기는 사람이다. 다른 사람들이 무엇에 집중하고 있는지, 뭔가 좋은 일이라도 있는지, 아니면 사고라도 일어난 건지, 신경이 쓰여 확인해야 직성이 풀린다. 또한, 그 자리에 있는 사람들이 기뻐하고 있는지, 재밌어하는지, 아니면 불안해하는지, 무서워하는지, 자신의 눈으로 보고 확인해야 가던 길을 갈 수 있다. 그만큼 사람에게 관심이 많다는 뜻이다.

　이런 사람은 전혀 모르는 남이라도 그 사람을 위해 어떤 행동을 하는 것을 마다치 않는다. 기꺼이 힘을 모아 줄 것을 호소하거나 반대로 도움의 손길을 뻗는다. 이 같은 선한 마음과 정의감이 있어 사람들의 무리에 관심을 두는 것이다. 복잡한 인간관계 속으로 적극 뛰어드는 유형이다. 반대로 이를 무시하고 가던 길을 가는 사람은 이성적이고 객관적인 성격으로 볼 수 있다.

더치페이를 지나치게 고집하는 사람

식사를 끝내고 계산할 때 더치페이를 고집하는 사람이 있다. 나는 이만큼 먹었으니 얼마를 내겠다거나, 너는 별로 먹지 않았으니까 많이 안 내도 된다는 식이다. 이런 사람은 정확하게 나누어 내는 것을 좋아해서 주먹구구식의 더치페이는 용납하지 않는다. 게다가 이들은 100원 단위까지 정확하게 머릿수로 나누지 않으면 직성이 풀리지 않는다.

꼼꼼하고 까다로운 사람이라는 인상을 주지만 그렇게 단순하지는 않다. 이런 사람은 타인과 필요 이상으로 관계 맺는 것을 피하려는 경향이 강하다. 이들의 더치페이는 둘 사이의 빌리고 빌려 주는 거래는 일절 없음을 의미한다.

이런 사람은 한 번 크게 얻어먹으면 빚을 갚아야 한다는 생각을 하고, 자신이 많이 낸 것 같을 때는 손해 봤다는 불만을 품는다. 자신도 모르게 감정이 쌓이니 차라리 편하게 더치페이를 함으로써 마음의 빚을 지려고 하지 않는 것이다.

더치페이를 고집하면 적이도 금전적으로 빌리고 빌리는 관계는 없을 것이다. 불필요한 관계가 생길 수 있는 여지도 피할 수 있으니 담백한 인간관계를 좋아하는 사람이다.

공식적인 자리, 덥지도 않은데
상대가 외투를 벗을 때

거래를 위한 미팅이나 회의처럼 공식적인 자리에서 다른 회사 사람과 마주 보고 앉았을 때, 그가 덥지도 않고 굳이 벗을 필요가 없는 슈트 겉옷을 벗는다면 이는 당신에게 적대감을 갖고 있지 않다는 표현이다.

거래 성사를 위한 미팅이라면 이야기에 잘 따라오고 있다는 뜻이고 회의라면 좋은 방향으로 이야기가 진행되는 것으로 생각할 수 있다. 물론, 장소와 상황에 따라서는 슈트 겉옷을 벗지 않는 것이 매너인 경우도 있으나 그렇지 않은 상황이라면 상대가 겉옷을 어떻게 하는지 주목함으로써 그의 속마음을 알 수 있다.

비즈니스맨에게 슈트는 전사가 입는 갑옷과 같다. 슈트로 몸단장 하는 것은 비유하자면 상대와의 싸움에 임한다는 뜻이다. 따라서 그 겉옷을 벗는다는 것은 적대 관계가 없어졌다는 것을 의미하는 동시에 상대에 대한 공격 의지가 없다는 뜻이며, 갑옷 속 자신의 꾸밈없는 모습을 보이고자 하는 마음이다.

바꾸어 말하면 편해져서 상대와의 거리를 좁히고자 하는 마음이 생겼기 때문에 겉옷을 벗는 것이다. 겉옷을 벗지 않더라도 윗옷 단추를 한두 개쯤 풀었다면 역시 당신과 가까워지고 싶은 마음이 생겼다는 사인으로 받아들이자.

노래방을 늘 찾는 이유

　노래방을 늘 찾는 사람들은 반복되는 일상생활에 불만을 품고 있는 경우가 많다. 그들은 억압된 감정을 노래에 담아 분출한다.
　실연의 상처를 간직한 사람이 슬픈 사랑 노래를 선곡해 눈물 흘리며 열창하는 것이 그 전형적인 예이다. 자신의 상황과 같은 내용의 노래를 부름으로써 평소 억누르던 감정을 밖으로 쏟아내는 것이다.
　평소에는 크게 말할 수도, 감정을 그대로 드러낼 수도 없다. 하지만 노래방에서라면 당당하게 소리칠 수도 감정을 드러낼 수 있다.
　또한, 노래방은 기분 전환이 가능한 공간이다. 그래서 시간이 나면 노래방에 드나드는 사람은 일상생활 속에 쌓인 불만을 분출하려 하는 사람이다. 마이크를 독점하는 행동은 다른 사람에게 민폐이기는 하지만 상대방을 안타깝게 여겨 그 마음을 헤아려 주자.

단골 술집을
전전하는 사람

술을 좋아하는 사람 중에도 다양한 유형이 있다. 집에서 반주로 마시는 것을 좋아하는 사람이 있는가 하면, 처음 들어간 가게에서 끝까지 마시는 사람도 있다. 이는 개인주의 성향이 강한 사람으로 일하는 것도 노는 것도 혼자 열중하는 유형이다.

이와는 대조적으로 2차, 3차까지 가는 것을 좋아하는 사람도 있다. 1차만으로는 성에 안 차, 2차, 3차 식으로 장소를 옮겨 다닌다. 가게마다 특별한 추억이 있는 것도 아니고 딱히 이유가 있는 것도 아니다. 그런데도 자신이 아는 가게를 전전하지 않으면 직성이 풀리지 않는 이런 사람은 쉽게 외로움을 느끼는 사람이다.

한 번이라도 말을 주고받은 점원이나 손님은 바로 그와 친구가 되고 다음번에 만났을 때는 오랜 시간 알고 지낸 친구처럼 대한다. 오지랖이 넓고 붙임성이 좋아 가는 곳마다 환영받는 유형이기도 하다.

하지만 이도 뒤집어 보면 외로움에서 나오는 행동이다. 그들이 나를 기억하고 있는지, 내가 좋아하는 가게는 장사가 잘되고 있는지, 또 나를 환영해 줄지, 가게 사장이나 점원들도 잘 있는지 등이 궁금해 이 가게에서 저 가게로 자리를 옮겨 다니는 것이다.

헤어스타일을 자주 바꾸는 사람

　단정해 보이도록 외모 관리에 신경 쓰는 것은 사회인으로서 가져야 할 매너이기도 하다. 이때 남성보다 여성이 헤어스타일의 선택지가 압도적으로 많다. 머리 길이에 따라 파마나 염색 등 다양하게 꾸밀 수 있기 때문이다.
　그런데 수시로 헤어스타일을 바꾸어서 주변의 반응을 살피는 사람이 있다. 이런 사람은 자기 관리나 멋 내는 일에 관심을 두는 경향도 있지만, 주변 상황에 휩쓸리기 쉬운 유형이다.
　미디어에서 유행하는 모델이나 영화배우의 스타일을 흉내 내거나 연예인이 이용한 미용실을 찾아가는 것은 자기 생각이 확립되지 않거나 스타일에 개성이 없다는 증거이다.
　그래서 연예인들이 이미지 변신을 하면 바로 따라 하고 그녀들이 다니는 인기 미용실이라면 믿을 수 있다고 생각한다. 이때, 자신에게 어울릴지 어떨지는 다음 문제이다. 반대로 유행에 전혀 신경 쓰지 않는 사람은 개성을 중요하게 생각하는 면도 있으나 고집스러운 면도 있다.
　어찌 되었든 지나치게 유행에 신경을 쓰거나 무관심한 사람에게는 헤어스타일에 대해 칭찬해 주는 것이 좋다. 상투적인 말이어도 그와의 관계를 무난하게 이어갈 수 있게 한다.

혼자 술
마시는 이유

식사하러 갈 때나 술을 마시러 갈 때, 친구들과 함께 가지 않으면 안 되는 사람은 어린아이 같다는 인상을 준다. 그런 사람들이 보면 바에서 혼자 앉아 술을 마시는 데 거리낌이 없는 사람은 어른스럽거나 독립적이라는 이미지를 주지만, 실은 그렇지 않다.

집에서도 마실 수 있는 술을 굳이 술집까지 나와 혼자 마시는 사람은 누구라도 가까이 없으면 외로움을 타는 성향이 있다. 그러나 인간관계를 맺는 것에 서툴러 누군가에게 능숙하게 권유하지 못하고, 함께 가자는 제안에도 스스럼없이 승낙하지 못한다.

이런 사람은 술자리에서는 적당한 거리를 둘 수 있지만 일할 때는 대인관계에 어려움을 겪는 경우가 많다. 특히 모두가 협력해야 하는 업무에서는 예상하지 못한 문제가 발생할 수 있으니 주의해야 한다.

단체 사진 찍을 때 서는 위치로 파악하는 심리

회사 야유회나 친구들끼리 놀러 가면 단체 사진을 자주 찍는다. 결혼식이라면 주인공을 가운데 두고 주변을 어떻게 메울지를 생각하지만, 놀러 갔을 때는 누군가의 제안으로 그 자리에 모인 사람들끼리 자세를 취하고 찍는다.

그런데 어느 사진을 보아도 늘 한가운데를 고집하는 사람이 있다. 의식하지 않았지만 알고 보면 늘 가운데 자리를 차지하고 있었던 사람이다. 이런 사람들은 남들의 시선을 받기 좋아하고 눈에 띄고 싶어 하는 사람으로 생각할 수 있다. 하지만 외로움을 잘 타는 사람으로 보는 것이 더 정확할 것이다. 의외로 그룹이나 모임에서 지도자 격인 사람들에게서 많이 볼 수 있는데 주체적으로 모임을 이끌지만, 개인으로 행동하는 것이 서툴러 늘 누군가와 함께 있고 싶어 한다. 가운데 있으면 양옆에 누군가 서 있기 마련이고 무의식적으로 안심하는 것이다.

이런 사람은 혼자 하는 여행보다 여러 명이 함께 가는 여행을 신호하고, 계획을 세우고 호텔을 알아보거나 식당을 예약하는 일을 성실하게 한다.

주로 쓰는 화장실 칸에 따라
다른 심리

역이나 백화점, 극장 등의 화장실에 갔는데 모든 칸이 비어 있다. 당신이라면 어느 칸에 들어갈 것인가? 상황에 따라 아주 다르게 받아들일 수 있는 질문이다. 얼마나 급한지에 따라서도 달라질 수도 있겠지만, 그 사람의 경계심이나 자기 영역 의식을 엿볼 수 있다.

아무 망설임 없이 가장 앞쪽 칸으로 들어가는 사람은 사소한 것들은 신경 쓰지 않는 대담한 경향이 있다. 주변 환경이 바뀌어도 자신을 그 상황에 맞출 수 있는 적응력이 강하다.

반대로, 모든 칸이 비어 있는데도 가장 멀리 있는 곳을 선택하는 사람은 경계심이 강하고 매사에 신중한 경향이 있다.

화장실에 틀어박힌다는 말처럼, 화장실이란 공간에서도 자신의 영역을 만드는 것이다. 이들은 평소에도 자신만의 리듬이 흐트러지는 것을 원하지 않고 타인과의 관계가 깊어지는 것을 피하려는 경향이 있다.

앞서 다루었듯이 전철 안의 긴 의자가 전부 비어 있을 때 대부분의 사람이 양 끝자리를 선택하는 것처럼 이는 개인적인 공간을 확보한다는 의미가 있다.

즉, 전철과 달리 짧은 시간에 용무가 끝나는 화장실에서도 가장 안쪽 칸으로 들어가는 사람은 개인적인 공간을 중요히 여기는 사람이다.

당신이라면 어느 칸을 선택할까?

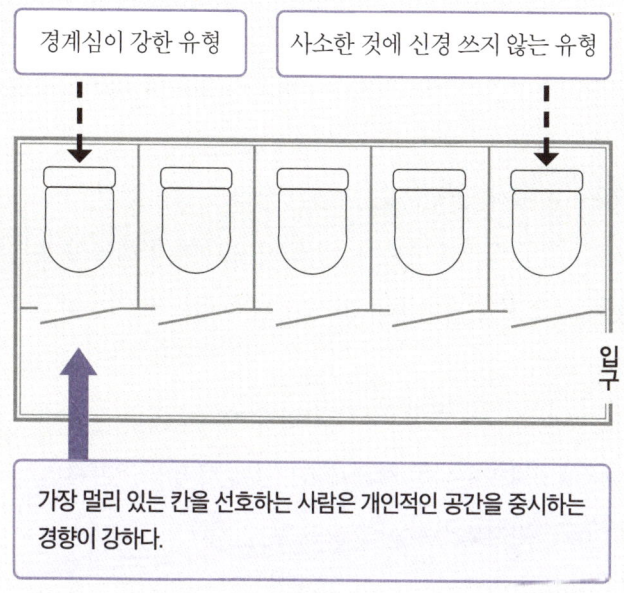

경계심이 강한 유형

사소한 것에 신경 쓰지 않는 유형

입구

가장 멀리 있는 칸을 선호하는 사람은 개인적인 공간을 중시하는 경향이 강하다.

지갑으로 보는
성격 1

 지갑을 보면 그 사람의 성격을 알 수 있다는 말이 있다. 하지만 가끔은 그 사람에게 가졌던 이미지와 지갑 속에 들어 있는 물건이 전혀 다른 때도 있다.

 깔끔하고 맵시 있게 옷을 잘 입는 사람의 명품 지갑 속이 의외로 어수선한 경우가 있다. 지갑 속은 꽉 차 있으며, 안에는 수많은 카드가 들어 있고 지폐 사이마다 영수증이나 포인트 카드 등이 어수선하게 꽂혀 있다.

 이런 사람은 사생활이나 자기 관리가 잘되지 않는 유형이다. 혹시 쓸 일이 생길지 모른다는 생각에 카드를 쑤셔 넣듯 지갑에 넣는 것에서 쓸데없는 걱정도 사서 하는 것을 알 수 있다.

 게다가 소유욕이 강한 면도 있어 자신의 연인이나 배우자를 필요 이상으로 속박한다.

 반대로 최소한의 카드 몇 장과 돈만 든 지갑의 주인은 자신에게 필요한 것과 필요 없는 것을 정확하게 알고 있는 사람이다. 겉멋을 위해 물건을 소유하는 것을 좋아하지 않는 성격이기도 하다.

지갑으로 보는 성격 2

겉모습과 내면이 반드시 일치하지 않는다. 잔뜩 멋을 부린 사람이 알고 보면 의외로 수더분한 성격이거나, 콤플렉스 덩어리인 경우도 있기 때문이다.

예를 들면 지갑이 그렇다. 고가의 명품 지갑을 들고 다니는 사람을 흔히 씀씀이가 헤프다고 생각할 수 있으나 의외로 쓸데없는 소비를 하지 않는 실속있는 사람도 있다. 만일 그런 사람의 지갑 속이 깔끔하게 정리되어 있으면 일도 사생활도 제대로 조절할 수 있는 사람일 가능성이 크다.

이렇게 돈을 소중히 다루는 사람은 사람도 소중하게 여긴다. 결혼 상대자로 고민하는 사람이 있다면 그의 지갑 속을 보면 어느 정도 알 수 있을 것이다.

가끔 지갑 없이 현금을 그대로 주머니에 넣고 다니는 사람을 볼 수 있는데, 이런 사람은 현실도피적인 성향이 강하다. 돈을 아무렇게나 둠으로써 돈에 대한 문제에 얽매이지 않으려는 것이다.

신발 굽으로
보는 성격

'패션의 완성은 신발'이라는 말이 있듯이 신발은 패션을 마무리 짓는 물건이다. 그러면서 성격을 알려 주기도 한다.

멋지게 헤어스타일을 하고 감각 있게 옷을 입는 사람이 더럽거나 낡은 신발, 옷과 어울리지 않는 신발을 신었을 때를 상상해 보자. 그가 그런 신발을 전혀 개의치 않고 신는다면 일을 마무리 지을 때 적당히 하는 사람일 수 있다. 옷매무새에 신경을 쓰고 머리부터 발끝까지 깔끔한 사람은 일할 때도 실수 없이 처리하고 사소한 곳에도 신경을 쓰는 꼼꼼한 면이 있다.

신발 뒷굽에서도 그 사람의 성격을 엿볼 수 있다. 평소의 자세나 걸음걸이에 성격이 나타나기 때문이다. 굽의 바깥쪽이 닳은 사람은 서글서글하고 사교적인 사람이다. 무엇이든 숨기는 것이 서툴고 매사에 솔직하다. 이와 반대로 굽의 안쪽만 닳는 사람은 비밀과 생각이 많다. 타인에게 온화하고 친근한 인상을 주지만 누군가에게 속을 터놓고 이야기하는 일이 적다. 그리고 오른쪽과 왼쪽 굽이 서로 반대로 닳는 사람은 양면성을 지니고 있는 경우가 많다. 남에게 보이는 표정과 속마음이 반대이다. 다른 사람의 일이나 사물에 관심 없는 척하지만, 속으로는 흥미로워한다.

텅 빈 카페,
중앙에 앉은 사람

　약속 시간보다 일찍 도착해 카페에 들어가 친구를 기다리는 때가 있다. 카페에 들어갔는데 안은 텅 비어 있을 때 당신이 주로 앉는 자리는 어디인지 생각해 보라.

　망설임 없이 바로 가게 중앙 자리에 가서 앉는 사람은 보통 사람보다 자기과시욕이 강하다. 다른 손님들에게 둘러싸여 있어도 신경 쓰지 않고 자기만의 세계를 유지할 수 있다. 세심한 부분까지 신경 쓰지 않기 때문에 다른 사람을 배려하지 못해 불쾌하게 만드는 때도 있다. 만일 자신이 이런 유형이라면 주변 사람들이 어떻게 자신을 보는지 생각해 보라.

　반대로 벽 쪽 자리에 앉는 사람은 어느 정도 타인과의 거리를 두고 싶어 하는 경향이 있다. 특히 벽을 향해 앉는 사람은 내성적인 성격이다. 바로 가게를 나갈 수 있는 입구나 계산대 가까이에 앉는 사람은 성격이 급하거나 어떤 불안감을 안고 있다.

　만약, 모르는 사람과 첫 만남을 갖는 자리라면 일부러 조금 늦게 가서 상대방이 앉은 자리를 보고 성격을 보는 것도 좋다.

회의를 자주 하고
싶어 하는 사람

  무언가 결정을 내려야 할 때, 지나치게 회의를 많이 하려는 사람은 자신감이 없는 사람인지도 모른다. 이는 일이 실패했을 때를 대비해 혼자 책임질 상황을 미리 피하려는 것이다.

  그래서 비록 자신이 제안한 계획이어도 회의하고 싶어 한다. 회의에서 의논을 거쳐 사람들의 찬성을 얻으면 만약 일이 틀어지더라도 자신만의 책임이 되지 않기 때문이다.

  이런 사람은 무언가 문제가 생겨도 회의에서 다 같이 결정했다는 이유로 남에게 책임을 전가할 수도 있다. 즉, 어떻게 하면 자신을 보호할 것인가에 대해 생각한다.

  이들은 어떤 일도 혼자서 결정하지 못하고 누군가와 그것을 공유하려 한다. 또한, 책임을 회피하기 위해 "그때, ○○씨도 그렇게 말했다니까?" 하고 다른 사람에게 책임을 떠맡기기도 한다.

  그러니 이런 사람과 함께 일할 때는 특별히 주의해야 한다.

용건도 없는데 장시간 통화하는 사람

 할 말이 다 끝났는데도 그칠 줄 모르고 계속 이야기하는 사람이 있다. 이런 사람은 수다로 기분 전환을 하는 것이다.
 하지만 장시간 통화하는 데는 조금 남다른 이유가 있다. 이런 사람은 평소 직장에서 존재감이 별로 없거나 있는 그대로의 모습을 남에게 보이지 못하는 경우가 많다.
 주변 사람들이 자신의 존재감을 깊게 인지하지 않아서 스트레스를 받는 것이다. 그 스트레스를 없애고 싶은 욕구가 장시간 통화로 나타난다. 전화로 하는 대화 대부분은 취미 일상생활에서 있었던 일처럼 소소한 이야기이다. 이런 대화 속에는 직장에서 보이지 않는 본연의 모습이 드러나기 마련이다. 누군가와 이야기하고 기분을 풀면서 진정한 나의 존재를 인정받고 싶다는 욕구를 없애는 것이다.
 전화상이라면 누구에게도 방해받지 않고 수다를 이어갈 수 있을 것이고 상대도 잘 들어 줄 것이다. 쓸데없어 보이는 장시간의 통화도 이렇게 스트레스 해소에 도움이 된다.

| Chapter 04 |

표정과 말투에서
알 수 있는 속마음

끊임없이 이야기하는 사람은
숨기고 싶은 게 있다

　남편이 퇴근해서 돌아오자마자 인사를 하며 동시에 일방적으로 자신의 이야기만 하는 주부들이 있다.
　최근 생긴 일부터 옆집 아이 엄마에 대한 소문, 아이 학교에 관한 이야기에 이르기까지 줄줄이 이어져 나오는 화제가 놀라울 정도이다. 이렇게 한번 말하기 시작하면 멈출 줄 모르는 사람은 어떤 불안감을 안고 있는 경우가 많다.
　이런 사람들은 누군가와 대화를 주고받는 것이 아닌, 단지 자신이 일방적으로 이야기하는 것이 목적이다.
　마치 혼잣말처럼 끊임없이 말함으로써 자신이 안고 있는 불안을 감추거나 상대의 주의를 다른 곳으로 분산시키려는 것이다.
　또한, 수다가 본인의 스트레스를 푸는 방법의 하나라서 듣는 사람의 반응을 개의치 않는다. 상대가 제대로 생각하고 말할 시간을 주지 않고 이야기를 늘어놓는 경우가 많다.
　말하면서 스트레스를 풀 수 있을지 모르지만 듣는 사람은 당혹스러울 수 있다.
　이런 때 이들에게 질문을 던지면 막상 대답할 말을 찾지 못해 조용해지기도 한다.

종업원을 지나치게
큰 소리로 부르는 이유

　사람이 많아 어수선한 가게에서는 종업원이 손님에게 일일이 신경을 못 쓸 때가 있다. 이때 빨리 주문하고 싶은데 종업원이 올 기미가 전혀 보이지 않을 때, 주변 사람이 깜짝 놀랄 만큼 큰 목소리로 점원을 부르는 사람이 있다. 선천적으로 목소리가 큰 것일 수도 있지만, 행여나 데이트 상대와 함께라면 상대방도 눈살을 찌푸리게 될 것이다.

　이렇게 주변 사람을 당황하게 할 만큼 큰 소리로 점원을 부르는 사람은 자기과시욕이 강한 사람일 가능성이 크다. 그의 이런 행동은 불안감의 표현으로, 여기 있는 자신을 무시한다는 사실이 싫어 큰소리를 내는 것이다.

　이는 다른 상황에서도 적용될 수 있다. 예를 들어 직장에서 부하를 엄청나게 큰 소리로 부르는 상사는 의외로 소심한 사람이 많다. 그러니 큰소리치며 거만하게 구는 사람을 봐도 필요 이상 기죽을 필요 없다. 이런 타입은 자신의 존재가 인정받으면 금방 누그러지기도 한다.

오른쪽 위를 본다면
거짓말을 하는지 의심해야 한다

거짓말을 하는 건지 아닌지는 눈을 보면 알 수 있다고 한다. 거짓말하는 사람의 눈은 한 곳을 응시하지 못하고 불안하게 움직이는 경우가 많기 때문이다. 이때 거짓말하는 사람의 시선은 오른쪽 위를 향하는 경우가 많다.

사람의 뇌는 창조력과 직관력, 표현력을 주관하는 우뇌, 그리고 말과 기억력, 생각하거나 암기하는 능력을 주관하는 좌뇌로 나눌 수 있다.

신경이 교차하여 있어 우뇌는 몸의 왼쪽을, 좌뇌는 오른쪽을 다스린다. 즉, 좌뇌가 활발할 때는 몸의 오른쪽이 활동하고 따라서 시선도 오른쪽으로 움직이기 쉽다.

거짓말을 할 때도 의식적으로 사실과 다른 이야기를 생각하고 있어 좌뇌가 활동한다. 따라서 몸의 오른쪽이 더욱더 활동하게 되어 자연스레 시선도 오른쪽 위를 향한다.

대화 도중 갑자기 목소리 톤이 높아지는 이유

목소리 톤만으로도 상대의 기분을 짐작할 수 있다. 평소에는 톤이 크게 흔들리지 않고 일정한 톤으로 이야기한다. 그러나 대화 도중 톤이 갑자기 올라가는 경우가 있는데 화가 난 경우가 아니라면 긴장하고 있을 때다. 사람은 긴장하면 자연히 혈압이 빨라지고 몸이 굳어진다. 긴장감을 감추기 위해 몸과 마음이 점점 불안한 상태가 된다. 어떻게 해서든 자신의 불안함을 숨기려는 마음이 강해지면 무의식적으로 목소리의 강도로 숨기려는 것이다. 그러면 목소리 톤이 높아지고 말도 빨라진다. 상대의 목소리 톤이 높아지면 평소와 다른 심리 상태로 볼 수 있다.

그 원인으로는 거짓말을 하거나 자신이 난처해질 것 같은 질문이 나올까 두려워하는 것 등 여러 가지를 생각해 볼 수 있다.

어느 쪽이든 상대의 속마음을 알아낸 뒤에 적당한 대처 방법을 생각해 보자.

눈을 가늘게 뜨는
사람의 마음속 불쾌감

눈이 부셔서 눈을 가늘게 뜨는 것은 극히 자연스러운 반응이다. 눈에 들어오는 빛의 양을 조절하기 위해 눈을 가늘게 뜨는 것이다. 그러나 눈이 부신 것도 아닌데 가늘게 뜨는 사람이 있다. 귀에 거슬리는 소음이나 싫어하는 음악을 들었을 때, 좋아하지 않는 사람을 만났을 때도 눈을 가늘게 뜬다. 이는 어느 대상을 불쾌하게 인식해 그에게서 자신을 지키기 위한 행동이다. 물론 소리처럼 눈에 보이지 않는 요소 탓에 불쾌한 감정을 느껴도 무의식적으로 눈을 가늘게 뜬다.

당신의 대화 상대가 갑자기 눈을 가늘게 떴다면 주변 소리를 들어보자. 싫어하는 음악이 들려서 일수도 있고 옆 테이블에 앉은 사람들의 떠드는 소리가 거슬러서 인지도 모른다. 그럴 때는 조용한 장소로 옮길 것을 제안해 이야기를 이어 가면 서로가 더 편안한 마음으로 대화할 수 있다.

긴장한 상태에서도
하품할 수 있다

하품하는 사람을 보면서 자신도 괜히 하품한 경험이 있을 것이다. 그러나 자신의 하품하는 모습을 남이 보면 괜히 멋쩍어진다. 하품에는 심적으로 느슨해져 있거나 긴장감이 없다는 부정적인 이미지가 있기 때문이다.

그렇다고 긴장이 풀려서, 혹은 지루해서 하품하는 것이라 단정할 수 없는데 긴장 상태에서도 하품할 수 있기 때문이다.

이런 하품은 불안이나 스트레스를 풀기 위한 신체 현상이다. 사람은 긴장하면 목이 마른다. 하품은 목에 수분을 공급하기 위해 침샘을 자극하는 역할을 한다. 긴장했을 때 나오는 하품은 스트레스를 줄이려는 조치인 셈이다. 그러니 긴장했을 때 일부러 하품하는 것도 좋다. 물론 너무 대놓고 하면 빈축을 살 수 있으니 남들 눈에 띄지 않게 조심해야 한다.

참고로 크게 심호흡하거나 입을 벌렸다 닫았다 하는 행위로도 긴장을 누그러뜨리는 효과를 볼 수 있으니 이를 활용하는 것도 좋다.

입을 다문 채 미소 짓는
사람을 주의해야 한다

누구나 딱딱하게 굳은 어두운 얼굴보다 미소를 짓는 얼굴을 좋아한다. 그런데 수상쩍은 미소도 있다. 진심으로 즐거워 웃을 때가 있지만, 속마음을 들키지 않기 위해 웃을 때도 있기 때문이다.

그 예가 입을 다문 채 웃는 미소이다. 입을 다무는 행위는 말하고 싶지 않은 것이 있거나 무언가 숨기려 한다는 표시이다.

특히 여성의 경우, 관심 없는 사람을 만날 때나 싫어하는 사람에 관한 이야기를 들을 때 이런 미소를 보일 때가 많다. 겉으로는 부드러운 미소를 지어 보이지만 속으로는 지루해하거나 상대방에 대한 호감을 느끼지 못하는 경우가 많다.

이런 표정을 마주하면 무언가 숨기고 있을 수 있으니 주의하는 게 좋다. 반대로 상대의 신뢰를 얻고 싶다면 입을 벌려 이빨을 보이며 웃자. 작은 차이지만 감추고 있는 것이 없음을 전할 수 있다.

눈과 입이 동시에 웃는 사람은 진심이 아닐 수 있다

아름다운 미소는 매력의 한 요소다. 여성이든 남성이든 미소가 아름다운 사람은 이성에게 호감을 주며, 동성에게도 친밀감을 전달한다. 이렇게 미소는 좋은 인상을 남길 수 있는 효과적인 방법이다.

그러나 개중에는 그 미소에 속아 실망하는 사람도 적지 않다. 천사처럼 부드럽고 온화하게 생각했던 미소가 억지로 만든 미소였거나 상대에게 전혀 호감이 없는 경우도 많다. 그런 안타까운 일을 예방하기 위해서 가짜 미소와 진짜 미소를 구분할 줄 알아야 한다.

눈과 입이 동시에 움직이는 웃음은 진심으로 웃는 것이 아닐 수 있다. 기쁘고 즐거울 때, 사람은 입가에 먼저 미소가 번지고 그 뒤에 눈이 처지며 웃는다. 그러니 눈과 입이 동시에 움직이는 웃음은 의도적으로 웃고 있다는 뜻이다. 즉, 억지로 만들어 낸 거짓 웃음일 가능성이 크다.

이는 비즈니스에서도 적용해 볼 수 있다. 잘 웃는 영업 사원에게 속아 뒤늦게 큰 손해를 입게 될 수 있으니 주의해야 한다.

이야기가 지루할 때
나타나는 반응

    대화는 이야기하는 사람과 듣는 사람의 의사소통으로 이루어진다. 듣는 사람은 말하지 않아도 고개를 끄덕이거나 몸짓, 손짓으로 자신의 메시지를 전한다.

    이야기를 들으면서 몇 번이고 고개를 끄덕이는 사람이 있는데, 이는 상대의 이야기에 공감하며 다음 이야기를 궁금해한다는 뜻이다. 하지만 고개를 끄덕이는 시점이 살짝 늦다면 이야기에 흥미가 없거나 화자의 의견에 동의하지 않는다는 뜻이다.

    고개를 좌우로 움직이거나 한쪽으로 기울이는 자세도 마찬가지다. 두 가지 자세 다 상대의 의견에 반대할 때의 의사표시이다. 만일 그 움직임이 빠르다면 반대 의견을 말하고 싶어 입이 근질근질하다는 뜻일 가능성도 있다.

    그럴 때는 잠시 이야기를 멈추고 "○○씨는 어떻게 생각하세요?" 하고 말할 기회를 줘야 한다.

    고개를 끄덕이는 횟수가 너무 많다면 상대의 이야기가 지루하거나 자신도 이야기하고 싶으니 어서 빨리 말을 끝내라는 표현이라는 것도 알아 두자. 상대의 이 같은 반응을 놓치지 않는다면 이야기를 잘 이끌어 갈 수 있다.

작은 목소리로 말하는 사람의 심리

 부끄러운 이야기를 하는 것도 아닌데 늘 작은 목소리로 말하는 사람이 있다. 이런 사람은 자신에게도 타인에게도 엄격한 유형이다. 자신이 어떤 사람이어야 한다는 이상이 높고 다른 사람의 시선을 의식해서 자연스럽게 목소리도 작아지는 것이다.

 자신에게 엄격한 사람은 매사 완벽을 기하기 때문에 주변에서 두터운 신뢰를 받지만, 완벽주의자와 같은 성향으로 자신을 힘들게 한다.

 스스로가 생각하는 자신의 모습에서 헤어 나오지 못하기 때문에 늘 긴장하고 무리하여 현실과 이상 사이에서 힘들어한다.

 이럴 때는 과감하게 방법을 시도하는 것도 좋다. 자신보다 높은 수준의 사람들을 만나 보는 것도 그 방법의 하나이다. 자신의 현재 위치를 객관적으로 볼 수 있고 지금 자신이 할 수 있는 것과 할 수 없는 것을 정확하게 알 수 있다. 그리고 이를 통해 의욕을 얻게 된다면 더할 나위 없이 좋다.

농담에 바로 대응하지 못하는 사람은 숨기고 있는 것이 있다

대화 중 상대의 태도가 어딘가 부자연스럽다고 느낄 때가 있다. 사람은 누구나 거짓말을 할 때 들키지 않기 위해 일종의 방어 태세를 갖추는데, 이때는 긴장 상태에 있으며 평정심을 유지하려 애써도 은연중에 어색함이 묻어 나오기 마련이다.

상대의 이야기가 거짓말 같거나 부자연스럽게 느껴지면 농담조로 가볍게 물어보는 것도 좋은 방법이다. 혹은 상대가 싫은 소리를 굉장히 듣기 싫어하는 사람이라면 살짝 비꼬듯이 말하는 것도 방법이다.

당신이 농담조로 짓궂게 말했을 때, 상대가 바로 대응하지 못한다면 그때까지 한 이야기가 거짓말일 가능성이 크다. 사람은 긴장 상태에 있으면 농담이나 짓궂은 말에 대응할 수 있는 여유를 잃게 되기 때문이다.

하지만 그렇게 상대의 이야기가 거짓말임을 알아차렸다고 해서 깊이 추궁하는 것은 현명한 방법이 아니다. 모르는 척하며 흘려버리자.

눈을 자주 깜빡이는 사람을
추궁해서는 안 되는 이유

'눈은 마음의 거울'이라는 말이 있지만, 굳이 눈동자를 보지 않고 눈을 깜빡이는 모습만으로도 그 사람의 심리 상태를 알 수 있다.

눈을 깜빡이는 횟수는 1분당 20회 정도로 3초당 한 번 깜빡이는 정도가 평균적이다. 습관적으로 남들보다 자주 눈을 깜빡이는 사람을 제외하고 눈을 깜빡이는 횟수가 늘어난 사람을 보면 그가 긴장하고 있음을 알 수 있다.

사람은 떳떳하지 못하거나 무언가 숨기는 것이 있을 때, 자신보다 높은 위치의 사람에게 추궁당할 때, 무의식적으로 시선을 피한다. 그때 마음의 동요는 눈의 깜빡임으로 나타난다.

또한, 공격적일 때도 눈을 자주 깜빡인다. 긴장감이 고조될수록 공격적이 되면서 눈을 자주 깜빡이는 것이다. 공식적인 자리에서 연신 눈을 깜빡이며 누군가를 비난하는 정치가 등이 그 좋은 예이다.

상대방이 말하는 속도가
느려졌다면 초조해하는 것이다

대화 중 갑자기 상대가 말하는 속도가 느려진다면 속으로 초조해하거나 당황하고 있다는 뜻이다.

느긋한 어조로 말하면 침착하고 편안한 마음으로 이야기하는 것처럼 느껴지지만, 갑자기 속도를 늦추어 천천히 이야기하는 것은 시간을 벌기 위함이다.

예를 들면, 어떤 식으로 이야기를 전개하면 좋을지 머릿속으로 생각하고 있거나 예상하지 못한 방향으로 이야기가 흘러가 당황했거나, 혹은 상대가 생각했던 것만큼 자신의 이야기에 흥미를 느끼지 않아 초조해하고 있다는 증거이다. 어떻게든 자신에게 유리한 쪽으로 이야기를 이끌어 가고 싶어 생각할 시간을 벌기 위해 천천히 말하는 것이다.

또 다른 이유로는 상대가 이야기의 흐름을 완전히 장악하게 하고 싶지 않아서라고 볼 수도 있다. 상대에게 넘어간 이야기의 주도권을 다시 자신 쪽으로 흐름을 바꾸고 싶고 상대의 흐름을 흐트러뜨리기 위한 것이다.

둘 중 어느 쪽이든 말하는 속도가 늦어졌다면 속으로 적잖이 당황하고 있음이 틀림없다. 만약에 상대를 공격하고자 한다면 이때가 가장 좋은 순간이다.

건망증이 심한 사람의
진짜 이유

방금 들고 있던 서류를 어디에 뒀는지 몰라서 다시 인쇄하거나 회의 시간을 까먹어 지각한 일처럼 가벼운 건망증으로 실수한 경험은 누구나 있을 것이다.

한두 번이라면 가벼운 실수로 넘어갈 수 있지만, 너무 자주 그런 일이 생기면 일에 싫증이 났거나 칠칠치 못한 사람으로 오해받을 수 있다.

뇌 질환과 같은 이유를 제외하면 건망증은 주의력이 산만해 일어난다. 바꿔 말하면 집중력이 떨어져 있다는 뜻이다. 누구나 하고 싶지 않은 일에서 도망치려는 회피 욕구가 있다. 그러면 자연히 그와 관련된 일은 생각하기 싫다는 심리가 작용하고 그것이 건망증으로 나타난다.

반대로 의욕이 있다면 무슨 일에든 집중력이 높아져 깜빡하는 일도 많지 않을 것이다. 만약 당신의 애인이 데이트 시간을 자주 잊어버린다면 함께 있을 때 즐거워 보여도 안심할 수 없는 일이다.

대화 중 눈을 비비는 사람은
무언가 속이고 있다

거짓말은 서로가 난처해지는 일이다. 거짓 없는 삶을 아름답게 생각할 수 있지만, 인간의 본능은 어쩔 수 없이 거짓말을 하게 할 때가 많다. 심지어 거짓말이 하나의 방편이 되는 때도 있다.

하지만 진실을 숨기는 것은 정직한 사람에게는 어렵고 힘든 일이다. 예를 들어 대화 중 상대가 자꾸 눈을 비비면서 말한다면 그의 이야기가 거짓일 가능성이 크다. 자신이 거짓말하고 있다는 사실을 눈을 통해 들킬 걸 우려한 본능적인 행동이기 때문이다.

무의식적인 행동이지만 만약 바람기 있는 당신의 애인이 눈을 비비며 이야기한다면 무언가 당신을 속이고 있는 것이 있을 수 있으니 주의해야 한다.

대화 중에 상대의 눈을
계속 응시하는 이유

많은 사람이 어렸을 적, 부모님이나 선생님에게 대화할 때는 상대의 눈을 봐야 한다고 교육받았다. 이야기하는 상대가 자신의 눈이 아닌 다른 곳에 시선을 두면 성실하지 못한 인상을 받는다. 반대로 자신을 뚫어지게 쳐다보는 일도 그리 좋은 기분은 아니다. 자신에게 시선이 고정된 사람에게서는 알 수 없는 위압감을 느끼게 되기 때문이다. 특히, 자신을 빤히 바라보는 시선에 익숙하지 않은 사람은 당혹스럽다.

만약, 이야기를 나누는 사람이 딴 곳으로 눈길 한번 주지 않고 줄곧 당신만을 응시한다면 우위에 서고 싶다는 뜻이다. 그런 사람은 자신이 시선을 떼지 않고 응시하고 있으면 상대의 기가 꺾인다는 것을 이용해 둘 사이의 주도권을 쥐려 한다. 특히 회의 자리에서는 이 같은 심리전이 탁월한 효과를 볼 수 있다.

그러니 만약 누군가가 당신을 계속 응시한다면 마음을 진정시키고 침착하게 이야기를 진행하면서 일부러 시선을 떼고 그 자리의 분위기를 바꾸려 시도하는 것이 좋다.

정말 눈은 거짓말을
하지 못할까

'눈은 입만큼 말한다'는 말이 있듯, 사람의 인상은 눈으로 결정된다 해도 과언이 아닙니다. 크기나 모양과 관계없이 눈에서 느껴지는 사람의 인상, 가령 '친절할 것 같다'거나 '차가워 보인다'는 그 사람의 본모습과 다르지 않을 때가 많다.

이렇게 많은 정보를 얻을 수 있는 '눈'을 보면 대화 중, 상대가 무슨 생각을 하는지 짐작할 수 있다. 예를 들어, 사람은 자신이 흥미를 느끼는 이야기가 나오면 눈을 크게 뜬다. 물론, 재미없는 이야기에 눈을 반짝이는 사람은 없을 테고, 자신의 관심사에 관한 이야기가 나오면 눈에 생기가 넘치는 것은 당연하다.

'눈에 생기가 넘친다'는 것은 추상적인 느낌만이 아니라, 흥분하면 평소보다 동공이 커지는 신체 작용이다.

상대가 자신의 이야기를 눈을 반짝이며 들어 준다면 누구나 기분이 좋아질 것이다. 하지만 상대가 눈을 내리깔고 있거나 시선이 다른 곳을 향해 있다면 안타깝지만, 그는 당신의 이야기에 아무런 흥미도 느끼지 못한다는 뜻이다.

입술을 깨무는 행동은 스트레스받고 있다는 표시

　직장에서 하기 싫은 일을 떠맡았을 때, 자신도 모르게 입술을 깨물었던 경험이 있는가? 만약 있다면 그것은 당신이 스트레스를 받고 있다는 증거일 수 있다. 사람은 스트레스를 받으면 무의식적으로 위아래 입술을 번갈아 가며 깨문다. 극심한 스트레스를 받을 때는 입술이 보이지 않게 깨물기도 한다.

　이렇게 입술을 세게 깨무는 것은 분노를 진정시키거나 무언가를 참고 있다는 뜻이다. 이럴 때는 자신의 현재 상태를 확인하고 아무에게나 화풀이하거나 괜히 일을 망치지 않도록 특히 신경 써야 한다.

　하기 싫은 얼굴로 마지못해 일한다면 효율이 떨어질 뿐 아니라 함께 일하는 동료의 의욕까지 떨어뜨리게 된다. 또한, 인간관계에서도 상대에게 나쁜 인상을 줄 수 있다. 화가 나거나 스트레스받았을 때 자신이 어떤 얼굴을 하고 있는지 점검하는 버릇을 들이는 것도 좋다.

눈빛에 따라 다른 메시지

한국인보다 서양인들이 이야기할 때 시선을 잘 맞춘다. 이야기하는 사람의 눈을 전혀 쳐다보지 않으면 상대에게 불신감을 줄 수 있다. 하지만 적당한 순간에 자연스럽게 시선을 맞추면서 이야기한다면 서로가 어색하지 않을 테고, 상대도 당신의 이야기에 공감하고 있음을 알 수 있다.

그런데, 가끔 상대방을 뚫어져라 응시하는 사람이 있다. 자신도 모르게 넋을 잃고 바라보는 일도 있기야 하겠지만, 이렇게 상대를 응시하는 행동에는 앞서 설명한 대로 부정적인 감정이 숨겨져 있는 경우가 많다. 특히 치켜뜬 눈으로 응시하는 사람은 주의해야 한다.

일반적으로 그런 눈은 복종의 의미가 있다고 한다. 예를 들어, 여자 친구의 이런 시선은 어리광부리고 싶다는 강한 표현이다.

그러나 다정함이 느껴지지 않는 차가운 눈은 상대를 공격하거나 그 사람의 흠을 들추려는 가능성이 크다. 만약, 누군가 이런 눈으로 쳐다보고 있을 때 물러설 수 없는 처지라면 그 시선을 피하지 말아야 한다. 반대로 문제를 일으키고 싶지 않다면 미소를 지어 보이거나 목소리 톤을 부드럽게 하는 등 상대의 긴장을 풀게 하는 방법을 찾아야 한다.

곁눈질이 말하는 메시지

 마음에 드는 이성이 자신을 곁눈질한다면 '혹시 이 사람도?' 하는 생각에 가슴이 설렐 수 있다. 하지만 회의 중에 이런 시선을 받는다면 자신의 언행을 점검해 봐야 한다. 공식적인 자리에서 곁눈질로 상대를 흘끔거리는 행동은 호감보다 불신감이나 혐오감이 강하기 때문이다.

 특히 아래에서부터 올려다보는 곁눈질에 주의해야 한다. 당신의 말이 신뢰를 얻지 못하거나 무시당하고 있을 가능성이 크기 때문이다. 자신의 발언에 이치에 맞지 않는 부분은 없었는지, 또 이상한 행동을 하지는 않았는지 등을 되짚어 봐야 한다.

 또한, 무언가 거절하거나 변동 사항을 말할 때처럼 난처한 말을 꺼내기가 어려울 때, 누군가 이런 시선으로 당신을 쳐다본다면 특히 더 긴장하고 경계할 필요가 있다.

혀를 차는 행동으로
불만을 말하다

커다란 목소리나 몸짓이 아닌 아주 작은 목소리만으로 자신의 불쾌한 감정을 표현하는 방법이 있다. 바로 혀를 차는 행동이다.

서양에서는 혀를 차는 행동이 동의를 나타낼 때 쓰기도 하지만, 동양에서 이런 행동은 분노나 불만과 같은 부정적인 감정을 나타낼 때 쓴다.

이 행동에는 자신에 대한 책망이나 타인을 향한 불쾌감을 나타내는 두 가지 목적이 있다. 자신을 향해 혀를 차는 사람은 나중에 가서야 후회하며 끙끙대는 소극적인 유형이다. 반성하는 일은 나쁜 것이 아니나 후회할 때마다 자신을 책망해서는 앞으로 나아갈 수 없다. 그리고 타인을 향해 혀를 차는 사람도 분노와 불만을 말로는 전하지 못하는 소극적인 유형이다.

혀를 차기 전에 무엇에 대해 불만을 느끼는지를 정확하게 파악할 수 있다면 현명하게 해결할 대안이 보일 것이다.

몸짓과 손짓을 섞어서 말하는 사람

저마다 얼굴 생김새가 다르듯, 말하는 방법도 다양하다. 몸짓과 손짓을 하며 큰 목소리로 떠드는 사람이 있는가 하면, 시선을 아래로 둔 채 조곤조곤 작은 목소리로 말하는 사람도 있다.

둘 중, 상대의 눈을 보며 큰 목소리로 몸짓, 손짓 섞어 가며 말하는 사람이 더 쉽게 타인에게 호감을 줄 수 있다. 이런 사람들은 대개 외향적인 성격으로 자신감을 느끼고 있고 자존심이 높은 경우도 많다.

시선을 맞추는 것은 그만큼 상대와 이야기를 나누고 싶고 가까워지고 싶다는 표현이기도 하다.

늘 누군가와 함께 있고 싶어 하는 심리를 '친화 욕구'라 한다. 이 욕구가 강한 사람은 의존도가 높거나 남을 지배하고 싶어 하는 면이 있으니 상대를 잘 관찰하여 그에 맞는 행동을 취함이 좋다.

타인의 마음을 읽는 것이 서툰 사람은 이야기의 내용에만 집중하지 말고 그 사람의 말하는 모습과 방법에도 집중해야 한다. 말하는 모습에는 그 사람의 성격과 감정 기복이 잘 나타나기 때문이다.

남의 의견을 반대하기만 하는 사람의 속마음

회의할 때, 정작 자신의 의견이나 뚜렷한 대안은 없으면서 남의 발언을 지적만 하는 사람이 있다. 이런 사람은 자존심이 강해 남들 앞에서 창피당하는 것을 용납하지 못하는 유형이다. 자신의 의견이 받아들여지지 않는다면 자존심이 상하니 발언하지 않지만 다른 사람들보다 위에 서고 싶은 마음에서 무심결에 비판적이 된다. 자신의 의견을 말하지 않는 것은 자신이 없다는 증거이며, 그를 감추기 위해 허세를 부리거나 남에게 공격적이 된다.

그러니 이런 사람이 당신의 의견을 비판하고 나서면, 대안을 말해달라고 하거나 어떻게 하면 좋은지 질문해야 한다. 당황하여 아무 말도 하지 못하거나 좋은 대안을 찾기 위해 허둥대는 모습을 볼 수 있다. 비판은 하지만 마땅한 대안이 없어서 횡설수설하다가 적당히 넘어가려 할 것이다.

이런 사람은 한 번 기를 꺾어 놓으면, 두 번 다시 남들 앞에서 창피당하고 싶지 않은 마음에 당신의 의견에 괜한 시비를 거는 일은 없을 것이다.

입술의 움직임을 보고 밀어붙일 때인지 멈출 때인지 판단한다

　중요한 회의에서 상대의 속마음을 알아내기 위해서는 그의 표정이나 말의 뉘앙스를 주의 깊게 살펴볼 필요가 있다. 그중에서도 간과해서는 안 되는 것이 입술의 움직임이다. 맛있는 음식을 보면 무의식적으로 입맛을 다시는 것처럼 사람은 자신의 흥미를 끄는 것 앞에서는 자신도 모르게 침을 삼키게 된다.

　회의 중에도 거래처 상대가 침을 삼킨다면 당신의 이야기에 관심이 있다는 뜻이라 받아들여도 좋다. 이때 좀 더 설득하면 적극 회의에 임하려고 할 테니 결정적인 순간을 잡는 것이 좋다.

　예외도 있다. 너무 긴장한 나머지 입안에 침이 말라 침을 삼키는 경우이다. 이럴 때는 회의가 원활히 진행되기 힘드니 서둘러 마무리하고 다음번 회의를 노리는 편이 유리하다.

　이렇게 회의할 때는 상대의 입술 움직임에 주의하는 것이 좋다. 표정이나 대화의 흐름으로 지금이 더욱 강하게 밀어붙일 때인지 물러설 때인지 판단할 수 있는 신호가 된다.

무조건 'YES' 하는
사람의 속마음

　만약, 당신의 부하 직원이 어떤 말에도 '예'라고 동조하는 예스맨이라면 조심할 필요가 있다. 남의 말에 바로 동조하는 사람은 주변 사람들에게 잘 보이고 싶고 인정받고 싶은 '승인 욕구'가 강하지만 스스로는 자신감 없는 유형이 많기 때문이다.

　즉, 어떤 의견에도 '예'라고 하는 것은 그 의견에 찬성하기 때문이 아니라 그저 남에게 미움받고 싶지 않기 때문이다. 그래서 누군가 말도 안 되는 주장을 해도 반박하거나 지적하지 않는다.

　게다가 승인 욕구가 강하면 주변 사람들에게 인정받고 싶은 마음에 실수나 실책을 은폐하려 한다. 단순히 자신의 말을 잘 들어 주는 유능한 부하 직원이라 생각하면 훗날 사고가 발생해도 모르고 지나갈 수 있다.

혼잣말을 하는 이유

무의식적으로 혼잣말을 할 때가 있다. 옆에 듣는 사람이 있는 것도 아닌데 혼잣말하는 이유는 무엇일까.

사람은 갇힌 공간에 일정 시간 동안 혼자 있으면 조금씩 마음의 안정을 잃는다. 아무리 참을성 있는 사람이라 해도 소리 하나 들리지 않는 공간에서 3일을 넘기기 힘들다.

그럴 때 사람은 혼잣말한다. 즉, 누군가와 이야기함으로써 평상심을 유지하려는 자기방어 본능이 작용하는 것이다. 예를 들어, 부모님과 헤어져 자취 생활을 시작하면서 혼잣말이 느는 것이 전형적인 예이다. 단, 갑자기 남의 욕을 하는 등 상황에 맞지 않은 엉뚱한 혼잣말은 정신적으로 불안정하다는 신호이다. 만약 혼잣말이 늘었다는 느낌이 든다면 어떤 말을 하는지 내용을 살펴봐야 한다.

술 취했을 때 한 곳을 물끄러미 바라보는 사람의 마음속

술자리에서 취기가 올라오면 가만히 한 곳을 응시하는 사람이 있다. 이런 사람은 욕구불만이 많다. 평소 하고 싶은 말은 많지만 소심해서인지, 혹은 주변 사람들을 배려해서인지 여러 이유로 하고 싶은 말을 입 밖에 내지 못해 쌓아 둔 사람이다. 그렇게 배출하지 못한 불만이 계속 쌓이기만 한 것이다.

그중에는 술에 취해 이성을 잃으면 예의와 배려를 잊어버리고 그간 쌓아 둔 불만을 표현하는 사람이 있다. 이때 누군가가 신경에 거슬리는 말을 하면 기다렸다는 듯이 불만을 한 번에 분출한다.

이런 사람은 대개 술버릇이 고약하다. 혹은 고약하지 않아도 평소와는 전혀 다른 모습으로 온갖 불평불만을 쏟아낼 수 있으니 그가 술에 취해 있을 때는 자극하지 않는 것이 좋다.

입을 크게 벌리고 웃는 사람이 의외로 소심하다

작은 소리로 웃거나, 터뜨리듯 '풉~' 하고 웃거나, 싱긋하고 미소를 짓는 등, 웃는 방법은 다양하며 마음 상태에 따라서도 달라진다.

입을 크게 벌리며 호탕하게 웃는 사람은 어떤 성격일까? '밝고 시원시원하고 믿음직스럽다'는 긍정적인 이미지가 떠오를 것이다. 하지만 알고 보면 정반대의 이미지인 경우가 많다.

실은 이런 사람은 소심하거나 콤플렉스가 있거나 늘 주변을 의식하는 등 겁쟁이인 모습을 감추려고 일부러 크게 웃기도 한다. 더욱이 이런 웃음은 억지로 웃는 것인 만큼 부자연스러움이 묻어나기 마련이다. 이런 사람은 무엇이든 자신이 중심이어야 하는 유형이기도 하다. 됨됨이가 나쁜 사람은 아니지만, 주변의 의견을 무시하며 본인 우선으로 모든 일을 처리하려는 경향이 강하므로 섣불리 리더 역할을 맡기는 것은 위험하다. 우선은 호탕한 웃음소리에 감추어진 성격을 꿰뚫어 보는 것이 중요하다.

대화 중에 눈살을 찌푸리는 사람의 머릿속

즐겁고 기쁜 감정은 직접 얼굴에 드러내도, 분노나 혐오감 등의 감정은 드러내지 않는 것이 사회인으로서의 예의이다. 그런데 처음 만난 사람들끼리 지극히 자연스러운 화제인 날씨나 취미에 관해 이야기하는 자리에서 어딘가 불편한 듯이 인상을 쓰는 사람이 있다.

그런 사람을 보면 자신이 말실수를 한 건 아닌지 신경이 쓰이기 마련인데, 크게 걱정할 필요는 없다. 이런 사람은 언제나 자신이 옳고 누구보다 잘났다고 생각해서 남을 깔보는 태도를 보인다.

상대의 마음을 헤아리고 공감해야 좋은 관계를 지속할 수가 있다. 그런데 이 사람은 남의 기분 따위 아랑곳하지 않고 자기중심적으로 생각한다. 자신의 표정이 어째서 상대방을 기분 나쁘게 하는지 헤아리는 배려가 없다. 그래서 뜻에 맞지 않는 사람을 공격하기도 한다.

이런 사람과는 토론하는 일도 시간 낭비이며 분쟁이 생길 수 있으니 부딪히는 일이 없도록 해야 한다.

언제나 주변을
두리번거리는 사람

대화할 때는 보통 상대방의 눈을 보고 하지만 마음에 걸리는 것이 있거나 불안하면 무의식적으로 시선을 피한다. 이렇게 피한 상대의 시선이 주변을 두리번거리면 불안하거나 예민한 상태라 생각하기 쉬운데 꼭 그렇지만은 않다. 그렇다고 대화가 지루해서도 아니다.

이런 사람들은 호기심이 왕성한 나머지, 이야기 도중에도 여기저기 눈길이 간다. 이곳저곳으로 생각이 왔다 갔다 해서 눈앞의 이야기에 집중할 수 없다.

또한, 자신감이 넘치는 것이 특징인데 자신을 드러내고 싶은 감정에 두리번거리는 것도 있다. 이들을 집중하게 하고 싶으면, 평소와 다른 의상으로 눈길을 끄는 것도 방법이다.

참고로, 이들은 종종 남의 말을 귀담아듣지 않으니 이야기의 끝에 다시 한 번 요점을 강조해 두는 것이 좋다.

넥타이를 다시 매는 행동은
자기주장을 위한 것

여럿이 함께 있는 자리에서 누군가 갑자기 넥타이를 다시 매거나 만지작거린다면 자기주장을 하고 싶다는 뜻이다. 평소 어떤 때 넥타이에 손이 가는지를 떠올려 보면 이해할 수 있다.

예를 들어, 회의에서 발언하기 전이나 중요한 거래 성사를 앞둔 미팅을 시작할 때 무의식적으로 넥타이를 만진다.

넥타이를 만지면서 마음을 다잡음과 동시에 정갈한 자신의 모습을 보여 주기 위한 심리가 그런 행동을 하게 한다.

이외에도 결혼식이나 파티에서 말할 때나 좋아하는 여성에게 고백할 때 등, 중요한 순간에 자신도 모르게 넥타이에 손이 간다. 이것 역시 나를 주목해 달라는 표현이다.

그러니 어떤 상황을 가리지 않고 누군가가 넥타이를 만지작거린다면 무언가 자기주장을 하려고 준비하고 있거나 주장하고 싶은 마음이 있다는 뜻이다.

무표정한
얼굴 속 심리

 즐거우면 이가 드러날 정도로 크게 웃고, 화가 나면 미간에 주름을 만들면서 화를 내는 것처럼 사람의 얼굴은 감정에 따라 여러 표정을 짓는다. 하지만 표정에 거의 변화가 없는 사람도 있다.
 무표정한 얼굴, 즉 포커페이스로도 불리는 이런 사람들은 얼핏 보기에 냉정하고 믿음직스러워 보이지만 실은 전혀 반대인 경우가 많다. 표정이 다양한 사람은 감수성이 풍부하고 주변 상황에 맞추어 자신을 조절하는 협조성을 갖고 있다. 그러나 표정에 변함이 없는 사람은 이 같은 감정 조절에 서툴다. 그래서 무엇이든 자신의 기준에 맞추어 생각하는 경향이 강하다.
 또한, 자신을 내보이는 것을 꺼리는 것도 이런 사람들의 특징이다. 이처럼 제멋대로에 좀처럼 자신을 드러내 보이지 않는 사람들에게 휘둘리지 않기 위해서는 적당한 거리를 두고 관계를 유지하는 것이 좋다.

자기의 이야기에
흥분하는 이유

　대화하다 보면 남들은 전혀 신경 쓰지 않고 흥분한 채 자신에 관한 이야기만 떠들어 대는 사람이 있다. 말하는 사람은 즐겁겠지만, 일방적으로 들어야 하는 상대방은 괴로운 일이 아닐 수 없다. 이렇게 말하기 좋아하는 사람들은 조심해야 하는 부분이 있다.

　말하기 좋아하는 사람은 약간의 거짓말이나 과장해 이야기함으로써 흥을 돋우기를 좋아한다. 만일 본인이 이런 사람이고 말할 때 자신의 볼에 손을 가져가거나 귀를 만진다면 자신의 이야기에 푹 빠져 있다는 뜻이다. 따라서 이때 빤히 들여다보이는 거짓말을 해서 무덤 파는 일이 생기지 않도록 주의할 필요가 있다.

　참고로, 부풀려 이야기하는 사람 중 대부분은 스스로 자신이 없는 사람이 많다. 그래서 남들의 관심을 끌기 위해 과장해서 이야기하는 것이다.

　한 쪽만 일방적으로 말하는 것은 대화라 할 수 없다. 대화 자체를 즐기기 위해서라도 너무 자기 흥에 취하지 말아야 한다.

말이 빠른 사람이 주의해야 할 점

　마치 말하는 기계처럼 남에게 말할 기회조차 주지 않고 혼을 쏙 빼놓을 만큼 떠들어 대는 사람이 있다. 이런 사람은 머리 회전이 빨라 일도 척척해서 주변 사람들에게 능력 있는 사람이라는 인상을 준다.

　말도, 머리 회전도 빠른 사람이라면 보고 들은 정보를 처리하는 속도도 빠를 것이다. 그러나 산만하다는 단점이 있다. 남의 이야기를 끝까지 듣지도 않고 전부 이해했다고 생각하기 때문이다. 침착하게 생각하는 습관이 없으면 자신의 의견을 말해야 할 때 허술한 논리로 말할 수 있다. 남의 아이디어를 이어 붙인 얕은 생각으로 말하면 그때까지 쌓아 올린 신뢰감을 무너뜨릴 수 있다.

　뉴스에서 앵커가 원고를 읽는 속도는 1분당 500자 내외인 데 반해 말이 빠른 사람은 이것의 1.5배에 달한다고 한다. 자신이 빠르게 말한다고 생각하는 사람은 의식적으로 속도를 늦추는 것이 좋다.

대화 중 먼저 시선을 떼는
사람은 알고 보면 강한 사람

상대의 눈을 바라보며 이야기하는 것이 어색해서 눈을 피하는 사람이 있다. 무언가 불안하거나 꺼림칙한 점이 있어 상대방의 얼굴을 대하기를 꺼리는 경우가 많다.

하지만 상대의 눈을 피하는 행동이 반드시 떳떳하지 못하거나 소심한 성격을 나타내는 것은 아니다. 오히려 대담한 성격이라 마주한 상대보다 먼저 시선을 뗄 수도 있다.

남을 배려하는 사람은 간단히 시선을 떼지 못한다. 시선을 떼면 그 사람에게서 신뢰를 잃는다는 불안에 눈을 떼지 못하는 것이다. 하지만 불필요한 배려로 상대방을 신경 쓰기보다 자신을 우선으로 하는, 조금은 뻔뻔스러운 사람이 상대보다 먼저 시선을 뗄 수 있다. 이는 역으로 말하면 대화 중에 먼저 시선을 피함으로써 상대에게 불안감을 줄 수 있다는 말이기도 하다. 그러면 이야기의 흐름이나 분위기가 시선을 피한 사람에게로 자연스럽게 넘어온다.

침 튀기며 이야기하는 사람에게
말려들지 말아야 한다

　이야기하면 분위기가 달아올라 거센 논쟁으로 발전할 수가 있다. 그러나 도를 지나쳐 침 뒤기며 격렬하게 말하는 모습은 눈살을 찌푸리게 한다. 당연히 이런 사람은 남에게 피해를 주고 있다는 사실을 인식하지 못한다. 자신의 의견을 주장하고 이를 받아들이게 하는 일에 급급해 주변 상황에 전혀 신경을 쓰지 않는다.

　이야기만 하는 것이라면 다행이지만, 이런 사람은 이야기가 과열되는 기세를 틈타 자신에게 유리한 방향으로 흐름을 바꾸려고 하는 경향이 있으니 주의해야 한다.

　만약 협상할 때 이런 사람의 흐름에 말려 "정말 그렇네요." 하며 고개를 끄덕이다가는 어느새 그에게 유리한 쪽으로 이야기가 흘러가게 된다. 나중에 가서 "그건 좀 곤란하겠는데요." 하며 반론을 제기해도 받아들여지지 않는다. 이렇게 침 튀기듯 홍분한 채 열정적으로 말을 쏟아내는 사람과 마주한다면 그를 견제하기 위해서라도 이야기의 흐름을 다른 곳으로 돌려야 한다.

　가령 세 명이 있는 사리라면 나머지 사람에게 말을 시키거나 그 사람과 관계없는 이야기로 말머리를 돌려서 대화의 분위기를 진정시켜야 한다.

마마보이 성향을
확인하는 요령

　일본에서는 부인을 이름으로 부르지 않고, '마마(mama)'나 '어머니'라 부르는 남자가 많다. 아이에게도 "그건 마마에게 물어보렴." 하는 건 그럴 수 있다 쳐도 "마마! 내 와이셔츠 어딨지?" 하고 아내에게 마마라 부르는 사람이 있다.

　이런 남자는 스스로 의식하지 못하고 있지만, 마마보이 성향이 매우 강하다. 부인을 '여자'로서 인식하지 않고 가사나 육아를 담당하는 '어머니'로 인식하기 때문이다.

　이들은 어머니에게서 정신적으로 독립하지 못해서 어머니에게는 응석 부려도 된다고 생각한다. 그래서 집안일도 어머니 대신인 아내에게 전부 의지하는 경우가 많다.

　부인 입장에서 남편이 가장 손이 많이 가는 아이가 된 셈이다. 남편의 뒤치다꺼리를 해 주고 있다 보면 '아이들의 엄마지, 당신의 엄마가 아니야!' 하고 주장하고 싶어진다.

　한국에서도 어릴 적부터 어머니에게 의지해 성인이 돼서도 그 버릇을 버리지 못하는 사람이 많다. 이런 사람들은 자신의 사생활을 일일이 어머니에게 얘기하거나 결정권을 맡긴다.

남을 비난하는
사람의 콤플렉스

　사람들은 누구나 자신에게는 관대하지만, 타인에게는 엄격한 면이 있다. 하지만 도가 지나쳐서 자신에게는 너그럽지만 다른 사람에게는 무리한 요구를 하거나 사소한 실수에도 불같이 화를 내며 몰아세우는 사람이 있다.

　예를 들면 본인도 빈번하게 지각하면서 후배가 조금 늦게 오면 놓치지 않고 화를 내는 경우이다. 혹은 컴퓨터를 잘하지 못하면서 부하 직원이 작성한 서류가 미흡하면 거칠게 잘못을 책망하는 상사가 그렇다.

　어째서 이들은 자신에게는 관대하면서 남들에게는 비난을 퍼붓는 것일까? 그것은 자신의 콤플렉스를 인정하고 싶지 않고 이를 남에게 강압적으로 요구하기 때문이다. 이는 '투영'이라 하는 심리로 자아를 보호하기 위한 무의식적인 행동이다. 자신이 싫어하는 단점이나 콤플렉스를 그대로 타인에 투영시켜 마치 그 사람의 단점인 듯이 비난함으로써 자신은 거기에서 자유로워지려는 것이다.

　이런 사람에게 반박하면 그의 콤플렉스를 자극해 화를 돋운다. 직접 화법보다는 간접 화법이 좋고 적당히 흘려듣거나 제3자에게 상담하는 편이 낫다.

지인이 유명한 사람임을
강조하는 이유

"연예인 ○○○과 잘 아는 사이다", "운동선수 △△△과 같은 학교 출신이다"라며 자랑을 늘어놓는 사람이 있다. 이를 심리학에서는 '영광욕'이라 하는데 높은 평가를 받고 있는 사람의 영예를 입어 간접적으로 자신의 평가를 높이려는 행동이다. 지명도가 높은 사람이나 인기 있는 사람을 자신과 연결하여 마치 자신이 그런 공적을 세웠거나 영향력이 있는 것처럼 드러내는 것이다. 이는 역으로 말하면 자신에게는 자신감이 없는 유형이다.

남들에게 자랑할 것이 없어서 유명한 사람을 이용해 자신을 좋게 보이려는 것이다.

예를 들어, 평소 그런 말을 하지 않던 직장 동료가 유명한 누군가와 아는 사이임을 자주 언급한다면 업무에서 실수를 저질렀거나 일이 잘되지 않아 한때 자신감을 잃었을 가능성이 있다. 이럴 때는 자연스럽게 그의 이야기를 들어 주며 자신감을 회복할 수 있도록 다독이고 격려해 줘야 한다.

변명이 많은 사람은
성공하기 힘들다

직장에서 실패하거나 실수를 저질렀을 때, 늦게까지 야근해서 너무 피곤했다거나 준비할 수 있는 시간이 없어 어쩔 수 없었다며 변명을 늘어놓는 사람이 있는데, 이런 사람은 사회적으로 성공하기 힘들다.

이런 사람은 일이 잘되지 못한 원인을 내부가 아닌 외부에서 찾고, 실패했을 때의 변명거리를 무의식적으로 생각하고 준비한다.

가령 중요한 프레젠테이션을 앞두고 기획을 통과시킬 자신이 없을 때, 사전에 다른 일을 벌여 놓고 주변에도 다른 일 때문에 도무지 프레젠테이션 준비할 시간이 없었다고 미리 변명해 둔다.

그리고 예상대로 통과하지 못하면 여러 가지 일로 바빴다며 자기합리화를 한다. 이는 스스로 자신감이 없는 사람들에게서 볼 수 있는 행동이다. 늘 원인을 바깥에서 찾아 자신의 문제가 무엇인지 모르고 달라질 생각을 하지 않는다. 또한, 이들은 자신에게 불리한 행동을 하는 경향이 있어서 점점 더 성공할 가능성이 작다.

2부

사람을 움직이는 설득의 기술

| Chapter 01 |

인간관계를 바꾸는 법

타인의 마음을 편하게 하기 위한 질문을 던진다

　텔레비전에서 진행자나 사회자가 인터뷰하는 모습을 보면 대부분이 반려동물이나 취미에 관한 이야기 등, 가벼운 화제로 시작한다. 상대의 긴장을 풀고 친근감을 주려고 일부러 대답하기 쉬운 화제로 이야기를 시작하는 것이다.

　처음부터 어렵거나 대답하기 곤란한 질문을 던지면 상대는 본능에 따라 방어적인 태도를 보인다. 그러면 이어지는 대화도 자연스럽게 진행되지 않고 분위기도 가라앉는다. 또한, 질문한 사람에 대해 좋지 못한 인상을 받는다. 누구라도 자신이 대답하기 어려운 질문만 하는 사람과 이야기를 나누고 싶지는 않을 테니 말이다.

　반대로, 대답하기 쉬운 질문으로 자신의 장점을 보일 수 있는 핵심을 잡는 사람에게 호감을 느끼고 계속해서 이야기하고 싶고 친근해지고 싶은 법이다.

　따라서 친해지고 싶은 사람이 있다면 자신의 흥미와 동떨어진 내용이어도 그 사람이 대답하기 쉬운 질문으로 다가가 보자.

질문은 '대답하기 쉬운 것'에서 '핵심적'인 것으로

"그러고 보니 고양이 좋아하신다고요?"

"네, 지금 두 마리 기르고 있어요…."

"아아, 어떤 종류요?"

우선, 상대가 대답하기 쉬운 질문으로 분위기를 띄운다.

"그런데, 요전에 말씀드렸던 그 일은 어떻게 되었나요?"

상대가 긴장을 풀고 있는 적당한 순간을 노려 말하려고 했던 핵심적인 이야기를 꺼낸다.

진심과 반대되는 말로
마음을 전할 수 있다

　상대에게 마음을 전하고 싶은데 어떻게 해야 할지 모를 때가 있다. 그럴 때는 속마음과 정반대의 말을 하는 방법도 있다. 솔직하게 말하는 것보다 당신의 진심이 더욱 강하게 전달될 것이다.

　이는 술집 주인이 잘 쓰는 방법으로 오래간만에 찾아온 단골손님에게 차가운 태도를 보이다가 갑자기 태도를 바꾸어 "왜 이렇게 안 오셨어요, 많이 기다렸어요" 하며 애교를 부리는 것이다. 그러면 손님은 자신이 중요한 손님이라는 인상을 받는다.

　이는 직장에서 큰 실수를 저지른 부하 직원을 호되게 꾸짖은 상사가 갑자기 차분한 어조로 말하는 것과 같다. 이번 일을 계기로 더욱 열심히 하게 하면 부하 직원도 자신을 위해 훈계했다는 생각에 의욕이 생긴다.

　하지만 같은 말이라도 계속해서 큰소리로 야단치며 말하면 귀찮게 생각하거니 늘 듣는 꾸짖음으로 생각해 흘려듣는다.

　이 방법은 자주 사용할수록 효과가 떨어지니 중요한 순간에 적절하게 써야 한다.

사소한 것에 마음 쓰는 사람이 설득당하기 쉽다

 별것 아닌 작은 일 하나하나 그냥 넘어가지 않는 사람을 설득하는 것은 어려운 일 같다. 이것저것 따져 묻거나 조건을 붙이는 등, 애를 먹게 할 것 같다. 하지만 사소한 일에 신경 쓰는 사람도 의외로 설득하기 쉽다.

 그 사람이 알고 싶어 하는 것에 대해 친절히 대답해 주기만 하면 된다. 본인도 자신이 남들보다 많은 것에 신경을 쓰는 것을 알지만 조절할 수 없을 뿐이다. 이때 상대방이 질문에 대해 성실히 답하는 자세를 보이면 호감을 느낀다. 기한이 언제인지를 알고 싶어 한다면 상세한 일정을 보여 주며 일정을 알려 주고 제품의 품질을 중요시하는 사람이라면 제품의 안전성과 신뢰성에 대해 상세히 설명해 주면 된다. 그래프나 자료를 사용해 구체적으로 설명하는 것도 효과적이다.

 시간과 노력이 필요한 일일 수 있으나 그 사람이 중요하게 생각하는 것이 무엇인지를 정확히 파악하면 충분히 설득시킬 수 있다.

 그리하여 사소한 물음에도 친절히 대답해 준다는 긍정적인 이미지를 갖게 되어 높은 신뢰를 보인다.

타인과 쉽게 친해지기 위한 맞장구치기

말을 잘하는 사람이 듣기도 잘한다는 말이 있듯, 누군가와 친해지고자 한다면 우선 그 사람의 이야기를 열심히 들어 줘야 한다. 이때, 호응해 주며 그 사람의 말 사이사이에 적당한 맞장구를 쳐 주어야 한다. 무엇보다 열심히 듣고 있다는 자세를 여실히 보이는 것이 좋다.

자신의 말에 열심히 귀 기울여 준다면 누구나 기뻐할 것이고 이야기에 공감하며 흥분하는 모습을 보면 기분 좋게 이야기를 하게 된다.

단순히 '네, 네' 하고 듣고 있다는 신호만 보내는 단답형이 아닌 '대단하네요'라고 감탄사를 뱉거나 '그 방법 좀 알려 주세요.' 하면서 궁금해하는 표현이 상대방의 만족도를 높일 수 있다.

그 사람은 자연스레 당신에게 좋은 인상을 품고 대화했을 때의 기분 좋았던 기억에 또 이야기를 나누고 싶어 할 것이다.

이때 피해야 할 말은 '그래도…'처럼 부정적인 말이다. 상대가 즐겁게 이야기하고 있는데 '하지만', '근데 그건…'과 같은 부정적인 말로 이야기의 흐름을 끊어 놓으면 상대방은 이야기하는 재미를 잃는다. 누군가와 가까워지고 싶다면 '하지만 그건…' 하고 지적하고 싶어도 일단은 긍정해 주는 것이 좋다.

대화 중간중간 '우리'라는 말을 넣어라

일반적으로 대화를 할 때 '나는'이라는 말을 자주 사용함으로써 자신을 드러내고 싶어 하는 사람은 자기중심적인 성향이 강하다. 대화에서 그것을 눈치채는 사람은 이런 사람과 함께하기를 꺼린다.

따라서 대화에서 '우리'라는 복수형으로 바꿔 말하면 상황은 달라진다. 그 말을 들은 청자는 화자에게 연대감과 더불어 신뢰감을 가진다. '우리'라는 말을 반복해 들으면서 동질감을 느끼기 때문이다. 동질감은 자연히 신뢰감으로 이어진다.

거래처와 미팅 자리에서 "이번에 저희가 진행하고 있는 프로젝트에 관해 설명해 드리겠습니다.", "이 기획안으로 우리 두 회사가 얻을 수 있는 이점은…" 하며, 거래처 회사를 포함해 '우리'라고 표현하면 거래처 사람들은 단순한 '거래 관계'가 아닌 '협력 관계'로 인식할 것이다.

또 '나는 ~가 하고 싶다'라는 화법보다 '우리를 위해 ~하고 싶다'라고 말해도 자기중심적이라는 인상은 주지 않는다.

선택지를 주면
상대를 설득하기 쉽다

    결론을 잘 내리지 못하는 사람에게 빠른 대답을 듣고 싶을 때는 재촉하지 말고 몇 가지 선택지 안에서 고르도록 유도하는 방법이 효과적이다.

    예를 들어, 연인과 함께 쇼핑을 갔는데 결정을 못 하고 망설이고 있을 때, 짜증을 내며 "이 옷 괜찮은데 뭘?" 하고 어서 결론을 내리라고 강요하는 말투라면 싸움으로 번지기에 십상이다. 그보다는 "치마가 사고 싶은 거야? 아니면 바지?" 하고 물어보자. 어느 쪽이라고 대답하면 "따뜻한 색 계열, 차가운 색 계열?" 하고 또 범위를 좁혀 물어보자. 그리고 모양에 대해서도 구체적으로 질문하면 연인이 갖고 싶은 옷이 무엇인지 알 것이고, 선택이 수월하다.

    보통 결정을 잘 내리지 못하는 사람은 자신이 원하는 것을 막연하게 생각하고 정확하게 알지 못한다. 그럴 때는, 여러 가지 선택지 안에서 하나씩 지워 가는 방법을 통해 원하는 이미지를 잡을 수 있도록 도와줘야 한다.

칭찬할 때는 본인이
모르는 장점을 칭찬하라

　누구라도 칭찬을 들으면 기분이 좋아진다. 만일 평소 듣지 못했던 칭찬이나 자신도 깨닫지 못했던 점을 칭찬해 준다면 더욱 기쁠 것이다.

　예를 들어, 영업 실적이 높은 부하 직원에게 "자네는 언제나 보고서를 참 정성 들여 쓰는군." 하고 실적 이외의 것을 칭찬하거나 업무 처리가 정확하고 빠른 직원에게 "오늘도 제일 일찍 왔네, 참 부지런하군" 하고 근무 태도를 칭찬하는 것이다.

　두 사람 다 영업 실적이나 업무 처리에 대한 칭찬은 평소 듣는 말이라 기쁘기는 하지만 신선한 인상을 받지는 못한다. 하지만 자신도 의식하지 못하던 보고서 작성이나 출근 시간에 대한 칭찬을 들으면 자신을 보다 관심 있게 지켜본다고 생각해 기뻐한다.

　이렇게 본인에게 사소하지만 의외인 점을 칭찬해 주면 상사에 대한 신뢰감과 의욕이 강해진다. 연인 사이나 가정에서도 마찬가지다. 자신은 모르는 장점을 칭찬해 주면 '여전히 나에게 관심을 둔다'는 기쁨으로 애정과 신뢰감이 두터워진다.

단점을 드러내서
신뢰를 얻는 법

친구나 회사 동료 등과 신뢰를 쌓을 때 자신의 좋은 면을 알리려 하기 마련이다. 하지만 반대로 작은 단점을 가볍게 드러냄으로써 보다 효과적으로 신뢰를 얻을 수 있다. 단점 없는 완벽한 사람에게는 다가서기 어려워한다. 게다가 자신의 멋진 모습만을 보이려고 하면 허세를 부리는 사람으로 인식할 수 있다. 그러면 오히려 거리감이 생긴다.

하지만 반대로, "사실 정리정돈을 못 해서 방이 아주 지저분해요." 하고 일부러 자신의 단점을 말하면 상대와 거리감을 좁힐 수 있다. "실은 제 방도 무지 지저분하거든요." 하고 누군가 맞장구를 치면서 이야기의 흥이 무르익으면 친근감도 생기고 '허세를 부리지 않는 사람'이라는 인상을 준다. 그러면 자연히 신용도도 올라갈 것이다. 물론 단점을 너무 많이 말하거나 듣는 사람을 당황스럽게 하는 이야기를 하는 것은 역효과를 불러올 수 있다. 대화의 흐름을 방해하지 않는 선에서 살짝 단점을 말하는 것이 좋다.

'YES'라는 대답을 얻으려면 본론을 먼저 말하지 말라

중요한 요구 사항을 놓고 누군가를 설득할 때는 처음부터 본론으로 들어가지 말아야 한다. 예를 들면 만난 지 얼마 되지 않은 여성에게 정식으로 고백할 때, 갑자기 "저와 사귀어 주십시오." 하면 여자는 당황해서 "조금만 생각할 시간을 주세요." 하고 바로 답하는 것에 부담을 느낀다. 하지만 취미에 관한 이야기 등, 가벼운 화제로 친근한 분위기를 만든 다음 교제를 신청하면 긍정적인 대답을 하기 쉬워진다.

거래처와의 교섭을 위한 회의 자리에서도 마찬가지이다. 처음 얼마간은 누구나 긴장하기 마련이다. 그때 본론을 이야기하면 상대는 더욱 방어적인 자세를 취한다. 따라서 상대가 접근하기 쉬운 화제를 이야기하면서 경계심을 완화하는 것이 좋다.

그냥 말하기 편한 화제가 아닌 상대가 'YES'라고 긍정하는 대답이 나오기 쉬운 질문이나 대화를 반복적으로 유도하는 것이 요령이다.

'YES'라는 말을 반복하면서 자신도 모르게 긍정적인 태도를 보이면 본격적인 이야기가 진행되었을 때는 'YES'라는 말이 자연스러운 분위기가 형성될 수 있다. 커다란 거래 성사를 위한 회의에도 부담 없이 쓰는 방법이다.

처음 만난 사람과도
친근감을 형성하는 비결

 처음 만난 사람과 빨리 친해지고 싶다면 대화 중에 자연스럽게 상대의 이름을 부르는 것도 좋은 방법이다. 그냥 "취미가 뭐예요?"보다는 "ㅇㅇ씨는 취미가 뭐예요?" 하고 말머리에 상대의 이름을 넣어 물으면 자연스럽게 친근감을 느끼게 할 수 있다.

 예를 들어, 명함을 주고받을 때 "△△△라는 이름이시군요, 한글 이름인가요?" 하고 자연스레 이름을 부르는 것도 친근감을 주는 방법이다. "이름이 예쁜데, 어머니가 지어 주신 건가요?" 하고 관심을 보이거나 또, 신기한 이름을 가진 사람에게 그 이름의 뜻을 물어보거나 "이 성은 좀처럼 보기 힘든 성이잖아요?" 하고 이야기의 화제를 제시하는 것도 좋은 방법이다. 그러면 상대도 가볍게 대화에 동참해 분위기도 한결 부드러워질 것이다.

분쟁을 없애는 심리 기술

　원활한 타협을 이끌어 내고 싶다면 자기 생각이 다른 누군가와 일치한다는 점을 반복해서 강조하면 좋다. 그러면 서로의 의견이 같다는 착각을 일으킬 수 있기 때문이다.

　이때의 핵심은 본론으로 들어가기 전의 사담을 나누며 시작하는 것이다.

　예를 들어, "△△부장님이 말씀하신 대로 올해는 좀처럼 경기가 회복되질 않네요", "요전에 △△부장님이 조언해 주신대로…" 하며 상대의 말에 동의하는 뜻을 나타낸다.

　그리고 본론인 교섭에 관한 이야기에 들어가서도 "맞는 말씀입니다" 하고 상대의 이름을 넣어 말한다.

　두 번째 핵심은 앞서 말했듯이 상대의 이름을 반드시 언급하는 것이다. 자신의 이름이 불리면 사람은 무의식적으로 연대감을 느낀다. 나아가 서로의 의견이 일치한다면 상대방이 당신에 갖는 신뢰감이 더욱 커진다. 그렇게 되면 다소 의견 차이가 생겨도 큰 분쟁 없이 원만하게 교섭을 타결해 나갈 수 있다.

설득력을 높이는
숫자 사용법

어떤 내용이든 막연한 것보다는 구체적이고 근거 있는 이야기에 신뢰가 생긴다. 특히 비즈니스에서는 근거 없는 이야기는 신뢰감을 얻기 어렵다. 만일 누군가를 설득하고 싶다면 근거가 되는 숫자를 이용해 이야기하는 것이 좋다.

단순히 '수익률이 올라갈 것이다'라는 말로는 얼마만큼 올라가는지 확인할 수 없고 어느 근거로 말하는지 알 수 없어서 수익률이 올라간다는 말 자체에 불신을 가진다. 하지만 "투자 유치 성공으로 공장을 더 만들어 수익률이 30% 증가할 것입니다"라는 말과 근거 있는 자료를 제시해 설명한다면 더 긍정적으로 받아들일 것이다.

알기 쉽고 명확한 숫자를 넣어 설명할 때는 이야기가 구체적이고 현실감 있게 다가온다. 30%라는 수치로 현 상태와 비교할 수 있고, 발전시켜 가고자 하는 이미지도 더 확실하게 다가온다.

하지만 중요하지 않은 데이터까지 하나하나 제시하는 것은 보는 이를 지치게 할 뿐이다. 수익률 등 결과에 직접 영향을 미치는 것, 즉 상대에게 흥미를 주는 숫자만을 강조해 사용하는 것이 핵심이다.

경험담을 이용해
상대의 호기심을 자극하는 법

 무엇이든 이해하기 어려운 추상적인 것보다 알기 쉬운 구체적인 것이 흥미를 끌기 마련이다. 거기다 실제 경험담이라면 호기심을 유발할 수 있다. 만일 상대가 이야기에 집중하게 하고 싶으면 우선 경험담을 얘기해 보자.

 예를 들어, 어떤 제품의 구매를 두고 고민하고 있을 때, 점원이 다가와 "저도 이거 사다가 집에서 쓰고 있는데 아주 좋더라고요"라고 말을 하거나 "이 립스틱을 사용하고 있는데 발색이 좋고 오래가요"라고 하며 직접 보여 준다면 한 번 더 제품을 보게 된다. 또한, 그 물건의 좋은 점뿐만 아니라 가볍게 나쁜 점을 이야기하며 경험담을 전해 주면 집중해서 들을 것이다. 이는 광고에 나와 있는 내용보다 실질적인 참고가 되기 때문이다. 특히, 실생활에서 일어난 경험담은 더욱 효과적이다. 사람은 타인의 개인적인 면을 알고 싶어 하는 호기심이 있다.

 "실은 오늘, 집에서 이런 일이 있었거든요…" 하고 말을 꺼내면 상대의 호기심을 충족시키고 동시에 사생활적인 부분까지 솔직히 이야기해 주었다는 생각에 친근감이 든다.

 이때 이야기를 듣던 상대가 자신의 경험담을 말하기 시작한다면 상대방을 신뢰한다는 뜻이다. 이때의 흐름을 놓치지 말아야 한다.

고집이 센 사람에게서
긍정적인 답을 듣는 법

완고한 사람에게 자신의 의견을 관철하려 한다면 보통의 방법으로는 안 된다. 그들은 확고한 자기 신념을 갖고 있어 남의 말을 가볍게 믿지 않으려 하지 않고 매사에 신중을 기한다.

하지만 이들을 설득해서 자신의 의견을 관철하는 요령이 있다. 이는 대의명분을 내세워 동기를 부여하는 것이다.

예를 들면, 아직 더 쓸 수 있다며 자동차를 바꾸려 하지 않는 아버지에게 "요즘 나오는 새 차가 친환경적이에요"라며 '환경보호'를 주장하는 것이다. 그리고 직장에서 새로운 시스템의 도입을 반대하는 상사에게 '기술 혁신'과 '세계화'에 뒤처지지 않기 위해서는 반드시 필요하다고 주장하는 방법도 좋다.

고집이 센 사람일수록 대의를 중시해 대의명분을 내세우며 주장하면 받아들일 가능성이 크다. 이때 핵심은 개인의 이익이 아닌 '~를 위해서'라고 생각하게 하는 것이다.

고집이 센 사람은 책임감과 정의감이 강하기도 하다. 공익을 위해서나 다수를 위해서라는 마음이 들게 설득한다면 더 쉽게 허락을 얻을 수 있다.

동료 의식을 느끼게
화제를 던져라

처음 만나는 사람과 이야기를 나눌 때, 우연한 계기로 두 사람이 아는 사람 중에 같은 인물이 있음을 발견하고는 흥분했던 경험이 있을 것이다. 게다가 서로 알고 있는 지인이 가족이거나 오래 알고 지낸 친구일 경우, 초면인 상대방에게 갖는 경계심은 허물어진다.

친한 사람에 관한 이야기가 화제가 됨으로써 상대도 예전부터 알고 지내 오던 사이인 것 같은 착각을 일으키기 때문이다. 또 그 친구에 대한 신뢰가 자연스럽게 처음 만난 상대방에게로 옮겨 간다. 친구의 친구이니 내 친구이기도 하다는 기분에 무의식적으로 동료 의식을 가진다.

하지만 이런 일을 매번 기대하기는 힘들며 서로의 공통적인 지인이 없다면 고향이나 학교 전공 등 공통되는 영역을 찾는 방법이 좋다. 그러면 친근감이 느껴지고 그 화젯거리로 다양한 이야기를 시작할 수 있다.

시끄러운 장소에서는 속삭이듯 말하는 것이 효과적이다

카페 등 시끄러운 장소에서 사람을 만났을 때, 그 사람의 주의를 집중시키기는 쉽지 않다. 소음이 신경 쓰여 큰 목소리로 말하면 시끄러운 사람이라 오해받기 쉽고, 개인적인 이야기일 때 다른 사람들도 듣게 될 수 있다. 이럴 때일수록 목소리 톤을 낮추어 속삭이듯 말하는 것이 좋다.

말소리가 잘 들리지 않으면 상대는 더욱더 집중해서 들으려고 노력한다. 마주 보고 앉아 있다면 테이블 앞으로 몸을 내밀어 집중하려 할 테니 그만큼 서로의 거리도 좁혀진다. 소음 속에서도 주변과는 다른 분위기 속에서 진지하게 이야기를 나눌 수 있다.

이 방법은 미팅 자리에서도 사용할 수 있다. 시끄러운 곳에서 오히려 조용한 목소리로 마음에 드는 여성에게 말을 걸면 자연히 그녀는 이야기를 알아듣기 위해 귀를 가까이 댈 테고 두 사람의 친밀도도 올라간다.

비판하지 않고 지적하는 방법

　상대방에게 불만이 있어도 직접 "~ 좀 해 주었으면 좋겠다", "~만은 하지 않았으면 좋겠다"라고 이야기하면 상대방이 비판으로 느끼고 받아들이려 하지 않는 경우가 많다. 방법에 따라서는 싸움으로 번질 수도 있고 부담스러워할 수도 있다.

　이럴 때는 그 사람에게 직접 말하지 말고 제3자를 비판함으로써 그가 은연중에 깨닫는 방법이 좋다. 예를 들어, 날마다 지각하는 사람에게 "회사에 매일 지각하는 사람이 있는데 정말 민폐야"라고 말하는 것이다. 처음에는 눈치채지 못했던 상대도 제3자에 대한 비판을 계속 듣는 동안 자신에게 투영시켜 지각하면 주변 사람들에게 피해를 준다는 사실을 깨닫는다. 이때 중요한 것은, 예로 등장하는 제3자는 상대가 모르는 사람이어야 한다. 서로가 아는 사람을 예로 들어 비판한다면 이를 단순한 험담으로 받아들인다.

부탁할 때는 이유를
붙여 말하라

부탁할 것이 있을 때, '~해서 그러는데' 하고 이유를 붙여 말하면 승낙을 받기 훨씬 쉽다. 예를 들어, 휴일 출근을 바꾸어 달라는 부탁할 때 아무 설명 없이 바꿔 달라고 하면 거절당하기 쉽지만 '중요한 일이 있어서…' 하고 한마디 덧붙이는 것만으로도 할 수 없다며 승낙해 줄 확률이 높다.

이때 '제사가 있거든요', '아이들 참관 수업이 있어서요'와 같은 구체적인 내용이 있으면 더욱 효과적이다. 단순히 '일이 좀 있어서요'라는 애매한 이유라 해도 '~해서 그러는데'를 덧붙이지 않는 경우와 비교했을 때 승낙받을 수 있는 확률이 높다.

사람은 불분명한 내용이라 해도 어떤 이유가 있다는 것을 드러내면 설명을 들었다고 생각해 승낙하려 한다. 상대방과 거리가 멀수록 자세한 사정까지 들으려 하지 않는 경우가 대부분이니 '~해서 그러는데'라는 말만이라도 덧붙이는 게 좋다.

"제가 좀 바빠서 그러는데 이 일을 좀 맡아주시겠어요?" 혹은 "시간이 없어서 그러는데 순서를 좀 양보해 주시면 안 될까요?" 등, 적당한 이유를 붙이는 것만으로도 훨씬 결과가 좋을 것이다.

얼굴의 왼쪽 부분에
속마음이 더 많이 드러난다

사람의 얼굴은 좌우대칭처럼 보이지만, 완전한 대칭인 사람은 거의 드물다. 대부분의 사람이 눈의 크기나 코 모양, 입가의 느낌 등이 미묘하게 다르다.

이를테면, 정면으로 찍은 얼굴 사진 한가운데에 거울을 세우고 왼쪽만 그리고 오른쪽만의 얼굴을 만들어 보자. 두 개의 표정이 깜짝 놀랄 만큼 다르다는 사실을 알 수 있다.

이 중 왼쪽 얼굴이 본연의 모습에 가깝다. 우뇌는 주로 감정을 담당하고 좌뇌는 언어와 논리를 담당하는데 우뇌의 반응은 몸의 왼쪽에 나타나기 때문에 솔직한 감정은 얼굴 왼쪽에 많이 나타난다.

이성에게 자신의 매력적인 모습을 보이고 싶다면 표정이 풍부한 왼쪽 얼굴을 보이도록 하고 나란히 앉을 때 상대의 오른쪽에 자리 잡아라.

반대로, 오른쪽 얼굴에는 속마음보다 만들어진 표정이 많이 나타난다. 권위 있어 보이고 싶거나 속마음을 들키고 싶지 않을 때는 오른쪽 얼굴을 보일 것을 권한다.

웃는 얼굴을 보이는데도 그 사람의 마음을 알 수 없을 때는 그의 왼쪽 얼굴에 주목하면 속마음을 짐작할 수 있을지 모른다.

코를 보고 상대의
분노를 눈치채라

'코웃음 치다', '코가 꿰이다' 등, 코에 얽힌 표현이 많이 있다. 그중 '콧구멍을 벌름거리며'는 화난 사람을 나타낼 때 많이 쓰는 표현법이다. 실제로 사람은 화가 나면 콧구멍이 넓어진다. 누군가를 위협하거나 위험을 느끼고 방어적인 태세를 취할 때, 콧구멍이 넓어지는데, 이는 화가 나서 긴장된 상태를 많은 산소를 들이마심으로써 가라앉히려는 것이다. 모든 동물에게서 볼 수 있는 특징이다.

누군가 콧구멍이 커진다면 그가 냉정한 자세를 취해도 비난이나 의심, 경계와 같은 감정을 억누르고 있는 상태로 봐야 한다.

이런 경우 상대가 아무 말도 하지 않는다고 해서 화가 많이 나지 않았다고 가볍게 판단하지 말고 상대와 적대 관계나 경쟁 관계에 있지 않다는 뜻을 밝히고 오해가 있다면 푸는 것이 중요하다.

미간에 세로 주름이 생기거나, 눈꺼풀이 위로 올라가거나, 눈을 부릅뜨는 표정도 분노를 나타내는 표정이다.

때로는 거만한 태도도 필요하다

　영업을 위해 방문한 곳에서 말도 꺼내기 전에 쫓겨나거나, 계약 성사를 겨우 눈앞에 두었다가 계약을 다른 회사에 빼앗기는 것처럼 마음대로 되지 않는 때가 많다. 이런 일이 많으면 상사에게 인정받지 못하고 동료와도 점점 차이가 벌어지고 후배들에게도 만만한 사람이라는 인상을 주어 자괴감에 빠지기도 한다.

　'사람 좋다'는 평가는 그 사람이 성실하고 착한 사람이라는 뜻이겠지만, 어떤 의미에서는 우습게 보일 수도 있다. 또한, 인성이 반드시 능력과 비례하는 것도 아니다.

　그런 자신을 바꾸고 싶다면 필요에 따라서는 거만한 태도를 보여 강경하게 나가는 방법이 좋다. 가령 거래 성사를 위한 미팅 자리에서 회의를 자신에게 유리하게 이끌고 싶으면 턱을 위로 올리고 상대를 내려다보는 듯한 눈으로 말하는 것이다. 혹은 볼펜으로 테이블을 톡톡 가볍게 치는 방법도 좋다. 그런 눈매와 볼펜 소리가 유발하는 심리적 위압감은 상상 이상으로 크다. 다소의 건방진 태도는 상대방을 위축시키고 분위기를 자기에게 유리하게 끌 수 있다. 과도하게 거만한 태도는 주변 사람에게 미움을 사겠지만, 적절할 때 씀으로써 때로는 강경하게 나간다는 것을 보여 주는 방법이 좋다.

시선을 마주치지 않는 사람의 속마음 읽기

마주 보고 앉아 이야기할 때, 상대의 시선이 줄곧 자신만을 향해 있으면 당황스러울 것이다. 하지만 반대로 거의 눈길 한번 주지 않는 사람과 대화하는 일 또한 당황스럽다. 대화할 때 기본은 눈을 맞추고 말을 주고받는 것이다.

상대방이 부드러운 눈길로 당신만을 본다면 호의와 관심이 있다고 볼 수 있겠지만, 반대로 눈길 한번 주지 않는 사람의 감정은 알기 힘들다.

사람은 대화할 때 눈을 통해 감정을 주고받는데, 이때 눈길을 피하는 것은 당신의 메시지를 받아들이고 싶지 않다는 표현이다. 적의감이나 대화하는 상대에 관심이 없어 거부하고 싶다는 부정적인 의사 표시다.

시선의 방향도 중요하다. 시선이 좌우로 움직이면 무관심하다는 뜻이고, 아래로 향한다면 두려움을 나타낸다. 그리고 눈을 내리까는 것은 복종을 의미한다. 만약, 당신이 눈을 내리까는 버릇이 있다면 상대가 강하게 나오기 전에 뭔가 대책을 세울 필요가 있다.

상대가 시선을 마주치지 않으려 한다면 시선의 방향을 보고 이야기를 마무리하거나 화제를 바꾸어라. 내용이 바뀌면 무관심했던 상대도 관심을 보일지 모른다.

시선의 움직임을 보면 속마음을 알 수 있다

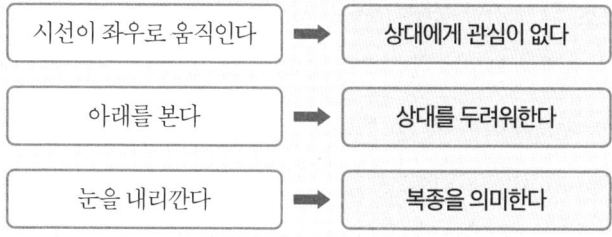

시선이 좌우로 움직인다	➡	상대에게 관심이 없다
아래를 본다	➡	상대를 두려워한다
눈을 내리깐다	➡	복종을 의미한다

중요한 사람처럼
보이는 법

권력이 있거나 부가 많은 사람, 어느 한 계통에서 거물이라 불리는 사람 중 근시가 많다고 한다. 근시인 사람은 멀리 있는 사물을 볼 때 눈을 가늘게 뜨는데, 이는 강한 이미지를 주는 효과가 있다.

본인이 의도하지 않아도 눈을 가늘게 뜸으로써 그 사람이 무언가를 생각하고 있거나 무언가를 감추는 인상을 주는 것이다. 위압감을 주거나 경직된 느낌을 주지만 위엄 있어 보이거나 그 사람에게 어떤 배경이 있는 듯한 분위기를 낸다.

실제로 어떤 실험에서 같은 사람의 얼굴 사진을 두 장 보여 주었다. 한 장은 눈을 가늘게 뜬 사진이고 다른 한 장은 평범하게 뜬 사진이었다. 대다수의 실험자가 눈을 가늘게 뜬 사진이 강해 보인다고 대답했다.

그러니 중요한 회의 자리에서 의식적으로 눈을 가늘게 떠보자. 사소한 눈짓이지만 보는 사람에게 중요한 생각을 하고 있다고 착각하게 할 수 있다. 이때는 상대와 눈을 마주치거나 노려보아서는 안 된다. 근시인 사람이 잘 보이지 않는 글자나 흐릿한 풍경에 초점을 맞추는 것처럼 연출하는 것이 핵심이다.

악수로
좋은 인상을 남겨라

　회의 자리에서 명함을 교환하기 전에 악수를 먼저 청해 오는 사람이 있다. 서양에서는 자연스러운 것인지 모르지만, 한국에서는 이상하게도 악수가 고개를 숙여서 하는 인사보다 친밀한 인상을 준다.

　이때 악수하는 모습으로 상대방에게 주는 인상이 달라진다. 상대의 손을 꼭 잡으면 활기찬 사람이라는 인상을 준다. 적극적인 악수는 악수한 상대방과 가까워지고 싶다는 뜻을 나타낸다.

　반대로 악수하는 손에 힘이 별로 들어가지 않는 사람은 소극적인 인상을 주는데, 실제로 소극적인 성격이기보다 무관심에 가깝다. 예의상 손을 내밀었지만 가까워지고 싶은 생각은 없다는 뜻이다.

　예의 있는 악수는 상대의 손을 힘주어 마주 잡으며 눈을 마주치고 하는 것이다. 간단한 악수지만 상대에게 좋은 인상을 남길 수 있다.

얼굴을 위로 들어라

 힘들고 여유가 없을 때 하늘을 바라보라는 말을 종종 한다. 하늘을 바라보면서 잃었던 여유를 찾고 지난날을 돌아보고 새로이 각오를 다지는 것이다. 위를 보면 자신이 속한 상황과 동떨어진 느낌이 나면서 긍정적으로 기분을 바꿀 수 있다. 심리학에서도 얼굴이 어느 방향을 향하는지에 따라 마음가짐이 다르다고 본다.

 언제나 얼굴을 위로 향하고 있는 사람은 무엇이든 긍정적으로 생각하는 유형으로 어려움이 닥쳐도 쉽게 기가 꺾이지 않는다. 반대로 늘 얼굴이 아래를 향해 있는 사람은 겸손하기는 하지만 스스로 자신이 없다. 대상이나 상황을 정면으로 마주 볼 자신이 없어서 자연히 고개를 떨어뜨리는 것이다. 타인에게 호감을 줄 수 있는 사람도 전자이니 의식적으로라도 얼굴이 위를 향하도록 신경을 쓰자.

영향력 있는 사람을 파악하는 법

　능력 있는 사원이 되기 위한 조건 중 하나가 가장 영향력 있는 사람이 누구인지, 누가 주도권을 쥐고 있는지를 파악하는 능력이다.

　자동차 영업 사원이 어떤 가정에 차 한 대를 팔려 한다고 가정했을 때 영업 사원이 누구를 설득해야 할지 파악하는 것이 중요하다. 일반적으로 자동차를 많이 알고 가장인 아버지를 설득하려 하지만 어머니가 경제권을 쥐고 있는 경우도 많으니 잘 파악해야 한다. 그리고 여기에는 하나의 요령이 숨겨져 있다. 바로 '동화 동작'을 활용하는 것이다.

　사람에게는 위치가 높거나 영향력 있는 사람의 행동을 흉내 내는 경향이 있다. 예를 들어, 회의 중 사장이 커피를 마시면 다른 사람들도 커피잔에 손이 가는 경우가 많고 사장이 골프를 치면 다른 직원들도 골프를 시작한다. 이것이 '동화 동작'이다.

　그 자리에 모인 사람 중, 누가 최초의 행동을 유발하는지를 관찰하면 가장 영향력 있는 사람을 알 수 있다.

고민하는 사람에게
말을 두 번 걸어라

아무리 밝은 얼굴로 활기차게 일하는 사람도 고민이 생겨 일에 집중을 못 하거나 힘들어할 때가 있다. 이럴 때는 부담이 되지 않게 가볍게 말을 걸어 주는 것이 가장 좋은 방법인데, 조금 다른 방법을 사용하면 상대의 속마음을 알 수 있다. 바로 말을 두 번 거는 것이다. 친한 사이일 때는 단순히 안부를 묻거나, 기분이 안 좋아 보인다고 말하는 것으로도 고민을 털어놓을 것이다. 하지만 그다지 가까운 사이가 아니라면 이야기하기를 꺼릴 것이다. 누구나 자신의 고민을 속속들이 알리고 싶지 않고 갑갑한 마음을 말해도 이해받지 못할 것으로 생각한다.

이때 한 번 더 말을 걸어 보자. "걱정돼서요. 언제나 밝으셨는데, 정말 괜찮으세요?"라거나 "말하기 싫으면 어쩔 수 없지만, 걱정되네요"라고 다정하되 부담을 주지 않는 선에서 말을 건네야 한다. 상대방에게 염려스러운 마음이 전해지면 이내 속 이야기를 털어놓을 것이다. 이때도 상대방이 말하기를 거부한다면 더는 묻지 말고 말 없는 배려와 친절로 다가가는 것이 좋다.

의욕을 높이는 목표 설정의 비밀

일하는 데 목표를 설정하는 행동은 의욕을 높이기 위해 반드시 필요하다. 하지만 목표를 설정하는 방법이 잘못되면 오히려 역효과를 낳을 수도 있다.

목표를 세울 때는 구체적으로 세우는 것이 중요하다. 예를 들어, '지금보다 더 노력해야지', '좀 더 기합을 넣자'는 식으로 간단한 목표는 일시적인 효과에 그친다.

목표에는 구체적인 계획이 필요하다. 특히 일에 대한 의욕이 없는 사원에게 간략한 목표는 추상적이고 막연해서 행동으로 옮기려 하지 않는다.

따라서 '지난달 수익에서 20% 올리기', '하루에 계약 성사 5건 이상 올리기'처럼 구체적인 수치나 행동을 목표로 세우면 어떤 점을 보완하고 어떤 노력을 해야 하는지 알 수 있다. 목표까지의 달성도도 알 수 있어 '20%가 목표였는데 아직 10%밖에 올리지 못했군, 조금만 더 노력하자' 하고 목표를 점검하고 수정하기 쉽다. 이때 목표는 너무 크게 잡아서는 안 된다.

큰 목표는 실패하기가 쉽고 실패했을 때의 좌절감에 추후 목표를 세우려 하지 않는다. 단계적으로 성과를 낼 수 있는 구체적인 목표가 좋다.

도움을 줄 때는
직접적이고 단순한 말을 해라

일이 산더미처럼 쌓여 정신없이 일하고 있는 동료를 보면 도와주고 싶을 것이다. 이럴 때 일반적으로 "힘들겠다. 좀 도와줄까?"라고 말한다. 바쁜 동료를 걱정해 자기가 먼저 도와주겠다는 의사표시를 하는 것이니 아무 문제 없는 말인 것처럼 보인다.

하지만 일이 많아 스트레스를 받는 사람에게는 '도와주고 싶은 마음은 없지만 도와줄 수밖에 없겠군'이라는 뜻이나 '능력이 없으니까 그렇게 일이 쌓이는 거야' 하고 무능함을 지적하는 의미로 오해할 수 있다.

이것은 '~해 줄까'라는 표현이 듣는 사람에 따라 자신을 깔보는 듯한 기분을 느끼게 할 수 있기 때문이다. 이럴 때는 '내가 도울게'라고 직접적이고 단순한 말이 좋다. 돕고 싶다는 마음을 직접 전해서 상대로 하여금 여러 가지를 상상하게 하는 여지도 주지 않는다. 상대가 도움이 필요 없다면 사양하겠지만, 이런 말을 해 준 것만으로도 자신에게 신경을 썼다는 생각에 고마움을 느낄 것이다. 따라서 도움을 줄 의사를 전달할 때는 간결하면서도 직접적인 말을 사용하는 것이 좋다.

본인이 없는 자리에서 칭찬하라

누구나 자신의 장점을 칭찬해 주면 기분이 좋아지기 마련이다. 특히 본인에게 직접 말해 주면 더욱 기뻐할 것이다.

하지만 본인에게 직접 칭찬하는 것보다 더 좋은 방법이 있다. 그 사람이 없는 자리에서 다른 동료에게 칭찬해 소문으로 퍼뜨리는 것이다.

본인에게 직접 말하면 겉치레하는 말로 받아들일 수도 있고, 뭔가 다른 꿍꿍이가 있는 것은 아닌지 의심받을 수도 있다. 하지만 많은 사람의 입에 오르내리는 소문이라면 내용에 진실성이 더해진다. 소문의 주인공인 당사자는 진지하게 받아들이고 기분도 좋을 것이다.

누군가를 칭찬해 의욕을 북돋아 주고 싶거나 높이 평가해 주고 싶다면 본인이 아닌 제3자에게 말하자. 이때 중요한 것은 그 소문을 퍼뜨린 사람이 당신이라는 사실을 명확히 전달하는 것이다. "○○씨가 그렇게 말했대"라는 말이 당사자의 귀에 들어가면 그 사람도 당신에게 호감을 느낀다.

기가 죽은 동료에게는
'무조건 스트로크'가 효과적이다

　직장 동료가 커다란 실수를 해서 풀이 죽어 있을 때 위로를 건네지만, 그 위로가 도움이 될지 알 수 없다. 누구나 실수할 수 있는 거라고 말하고 싶어도 너무 큰 실수를 저질렀다면 위로의 말이 되지 않는다. 그렇다고 '너무 신경 쓰지 마, 다음에 잘하면 되지 뭐'라는 말도 무책임하게 느낄 수 있다. 이럴 때는 그의 마음이 진정될 때까지 가만히 두는 방법이 가장 좋다. 하지만 진정될 기미가 보이지 않고 계속 자신의 실수를 책망한다면 그 사람 자체를 칭찬해 줘야 한다.

　'○○씨는 마음씨가 착한 게 장점이에요', '○○씨는 세심하고 꼼꼼하잖아요'처럼 됨됨이에 대한 장점을 칭찬해 주는 것이다. 책임감이 강한 사람일수록 커다란 실수를 저지르면 자기도 모르게 자신감이 내려가고 자신의 장점도 부정하려는 경향이 있기 때문이다.

　하지만 자신의 됨됨이에 대한 칭찬을 들으면 자신감을 되찾고 '실수는 업무상에서의 일일뿐'이라고 구별해서 생각할 수 있다.

　심리학에서 행동을 포함한 커뮤니케이션을 '스트로크(stroke)'라 하는데 앞서 설명한 것처럼 상대를 무조건 인정하는 것은 '무조건 스트로크'라 한다. 칭찬의 말이 그 사람에게 잘 전달된다면 그는 기운을 찾을 수 있고 지금보다 당신에 대한 신뢰를 높게 가질 것이다.

날씨에 영향을 받는 심리

사람의 심리는 여러 가지에 좌우된다. 날씨도 그중 하나이다. 맑게 개었는지 비가 오는지에 따라 영향을 받는다. 누구나 흐리거나 비가 오는 날보다 맑은 날에 기분이 좋아지는 법이다. 맑은 날보다 흐린 날이 많은 북유럽에서 우울증 환자가 많은 이유도 날씨와 무관하지 않다.

날씨가 좋으면 좋을수록 기분도 좋아지니 중요한 거래가 예정된 날은 되도록 맑은 날이 좋다. 무언가를 부탁해도 상대방이 기분 좋게 승낙해 줄 가능성이 크다.

날씨에 좌우되지 않는 일을 하는 사람도 중요한 날 날씨는 물론, 될 수 있으면 한 주간의 날씨 정보를 확인하는 것이 좋다. 기분이 자주 바뀌는 변덕스러운 상사나 거래처의 사람들과 중요한 회의가 있을 때 그날의 감정에 따라 말의 내용이 크게 달라질 수도 있기 때문이다.

크게 영향을 끼치지 않아도 승낙을 받아 낼 확률을 조금이라도 높이기 위해서는 기분 좋아지는 쾌청히게 맑은 날, 설득하는 것이 좋다.

남의 잘못을 지적할 때 '나라면 ~할 텐데'라고 말하라

누군가의 잘못을 지적하는 것은 어려운 일이다. 그런 의도가 없다 해도 듣는 사람은 공격당하거나 비판받는 기분이 들 수 있다. 말하는 방법에 따라서는 자신의 인격 자체를 비난당한다고 느껴 그때까지 원만했던 관계에 금이 갈 수도 있다.

그렇다고 잘못을 알면서도 아무 말 안 할 수도 없는 노릇이다. 무시하고 넘어가면 그 사람을 위해서도 좋지 않고 알면서도 못 본 체한다면 자신의 잘못이 되거나 화로 돌아올 수 있다.

이때 남의 잘못을 지적할 때 '나라면 ~할 텐데'라고 말하는 방법이 효과적이다. 자신을 주어로 바꾸어 말함으로써 상대의 기분을 상하게 하지 않으면서 받아들이기 쉽게 하는 것이다.

이는 '주장(assertion)'이라 하는 방법으로 미국 심리 요법에서 발전한 대화 기술의 하나이다. 상대방의 기분을 상하지 않게 해서 별다른 마찰 없이 의도를 전달할 수 있다.

중요한 거래에서 '운명공동체'라는 말을 써라

거래처와 중요한 계약을 맺을 때, 상대에게 안도감을 주고 함께 일하고 싶은 마음이 들게 할 수 있는 효과적인 말이 있다. 바로 '운명공동체'라는 말이다.

말 그대로 운명을 함께한다는 뜻이다. 거래처에 이 말을 한다는 것은 '무슨 일이 있어도 끝까지 책임지겠습니다'라는 의미이다.

커다란 위험을 감수해야 하는 일에 착수할 때, 누구라도 실패하면 어떻게 해야 할지 불안을 느낄 것이다. 그러나 '운명공동체'라는 말을 들으면 어디까지 책임질지 상관없이 이 사람은 문제가 생겨도 성심껏 처리해 줄 것 같다는 안도감이 생길 것이다. 또한, 당신이 책임감이 강한 사람이라는 인상을 심어 줄 수 있으니 신뢰 관계를 돈독하게 하는 데 좋은 말이다.

단, 누구에게나 빈번히 사용해서는 효과를 볼 수 없다. 오히려 가벼워 보일 수 있으니 주의해야 한다. 거래를 앞둔 결정적인 순간이나 중요한 고객에게만 사용하자.

어려울 때 다가가는 것이
더 효과적이다

연인과의 이별로 슬픔에 빠져 있을 때, 위로해 주는 사람에게 끌려 사귀게 되었다는 이야기는 자주 접하는 일이다. 자신에게 실망해 자신감을 잃었거나 어려운 상황을 앞두고 어떻게 해야 할지 모를 때도 그렇다.

이럴 때, 누군가가 "내가 도울 일이 있으면 말씀해 주세요", "○○ 씨는 실력이 있으니까, 다음번엔 꼭 잘할 수 있을 거예요"라고 다정하게 말하면 기쁨이 평소보다 더할 것이다. 그러고는 그 사람에게 호감과 신뢰감이 생긴다.

슬픔에 빠져 있을 때나 어려운 상황에 놓여 있을 때, 사람은 누군가에게 인정받고 싶어 한다. 그래서 자신의 장점을 인정해 주는 사람을 만나면 호감과 친근감을 느낀다.

이 원리를 이용해 직장에서 동료가 일에서 실수하거나 성과를 내지 못해 풀이 죽어 있다면 적극 말을 걸며 다가가는 게 좋다. 상대는 당신에게 호감을 느낄 것이고 좋은 관계로 발전할 수 있을 것이다.

동료의 실패는 깊은 인간관계를 맺어 인맥을 넓힐 기회가 될 수도 있다. 밝은 목소리와 긍정적인 메시지 전달이 중요하다.

Chapter 02

상대를 설득하는 법

상담을 요청하면서
보이지 않는 주도권을 잡자

 손윗사람이나 자존심이 센 사람과의 관계에서 자기 생각대로 흐름을 만들기는 어렵다. 하지만 상의할 것이 있다는 구실을 만듦으로써 보이지 않는 주도권을 쥘 수 있다.

 처음에는 사소한 고민거리로 시작하고, 이야기가 끝나면 고마워하는 감정을 나타내며 "나중에 또 상의드릴 일이 생기면 부탁드립니다. △△씨밖에 상의드릴 수 있는 분이 없거든요…"라고 상대를 치켜세우는 것도 좋다.

 이런 말을 듣고 기분 나빠할 사람은 없을 것이고 리더십이 있는 사람일수록 누군가 자신을 의지하면 기뻐한다.

 이렇게 상담 횟수가 쌓이는 사이, 그 사람이 당신에 대한 연민이 들거나 도와주고 싶다는 생각이 들면 보이지 않는 주도권을 잡을 수 있다.

 "전에 말씀드린 일로 다른 부서에서 협조를 요청해 왔는데 다들 비협조적이라…"라고 말을 꺼내면 "그럼, 내가 나서서 계약을 성사시켜 줘야겠군!" 하며 도움을 주는 데 적극적일 것이다.

 그때부터는 어려운 일이 생기면 '잠깐 상의드릴 것이 좀…' 하고 말을 꺼내면서 주도권을 잡을 수 있다.

 부탁이나 명령하는 식이 아니어도 목적을 이룰 수 있다.

대답하기 어려운 질문으로
상대를 위축시켜라

　상대가 말대꾸하지 못하고 자신이 주도권을 쥐고 싶을 때는 바로 대답하기 어려운 질문을 연속으로 하는 방법이 있다. 그러면 상대는 자신감을 잃고 당신의 말에 긍정한다.
　상대의 말에 반박하는 것은 상대보다 자신의 의견이나 자신이 강하다고 생각해서 가능하다.
　하지만 자신감을 잃게 하여 자신의 의견이 통하지 않는다고 생각하게 하면 반박하려 하지 않는다.
　예를 들면, '~에 대해 어떻게 생각하나?' 하고 넓은 범위의 질문을 던지거나 '그럼, 일반적으로는 어떨까?'처럼 추상적인 표현을 쓰는 것도 좋다. 아니면 전혀 다른 관점에서 질문하는 것도 좋은 방법이다.
　관점을 갑자기 바꾸면 생각이 금방 정리되지 않아 대답하기 어려워진다. 적절한 순간에 대답하기 어려운 질문을 여러 번 내놓는 것이 핵심이다.

대답하기 어려운 질문에는 '그쪽은 어떻게 생각하세요?' 하고 되받아친다

누군가 당신의 의견을 물었을 때 중립적인 입장을 지키고 싶다면 어떻게 하겠는가? 냉담하게 모르겠다고 하거나 팔짱을 낀 채 아무 말 하지 않는다면 모호한 태도라 생각해 상대에게 불신감을 준다. 이럴 때, 대답은 하지 않으면서 성실함을 보여 주고 그 이상 무언가를 요구하지 않게 할 방법이 있다.

우선 질문을 받으면 잠깐 질문에 대해 진지하게 생각하는 척한다. 그러다가 생각이 정리되지 않는 듯한 얼굴로 '어려운 질문이군요, 어떻게 해야 할까요?'나 '△△씨는 어떻게 생각하세요?' 하고 반대로 질문하는 것이다.

만약, 상대가 자신의 의견을 말하면 고개를 끄덕이며 '그렇군요, △△씨의 의견 잘 알겠습니다' 하면 된다. 상대는 그것으로도 이해할 것이고, 그렇지 않다고 하더라도 그 문제에 대해 더는 당신의 생각을 요구하는 일은 어렵다고 판단할 것이다.

고개를 끄덕임으로써
상대를 기분 좋게 하자

　이야기를 재미있게 잘하는 사람은 매력적이고 사람들에게 호감을 사기도 쉽다. 그러나 다른 사람의 마음속 깊은 곳까지 사로잡을 수 있는 사람은 이야기를 잘 들어 주는 사람이다. 이야기를 잘 들어 주는 사람은 단순히 상대방의 이야기를 열심히 듣기만 하는 사람이 아니라 그 이상으로 상대가 기분 좋게 이야기하게 하는 사람이다.

　예를 들어, 얼굴색 하나 변함없이 그저 조용히 이야기를 들어 주는 사람이 있다. 그 사람 나름으로는 열심히 듣고 있는 것일 테지만, 아무 반응이 없으니 어떤 마음인지 알 수 없어 말하는 사람도 이야기하기가 어렵다. 반대로 '그 사람이 그랬다고?', '그래서 어떻게 됐어?' 하고 중간중간 말을 지나치게 거는 사람이 있다. 가벼운 정도라면 이야기의 속도를 올릴 수 있지만, 화자의 말하는 흐름을 흐트러뜨리고 주제와 벗어나는 쪽으로 흐름이 바뀔 수도 있어 실례일 수 있다.

　가장 이상적인 태도는 적절한 타이밍에 맞장구를 치면서 고개를 끄덕이는 것이다. 상대의 눈을 보며 맞장구를 치면서 흥미를 느끼고 열심히 이야기를 듣고 있다는 기분을 전한다. 또한, 고개를 끄덕이면서 상대의 주장이나 이야기에 동조한다는 뜻을 보인다. 그러면 상대도 편하게 자신의 방식대로 이야기할 수 있다.

앉는 자리에 따라
기분이 달라진다

좀처럼 가지 않는 고급 레스토랑에서 데이트하면 평소에는 밝고 명랑한 그녀도 긴장감에 말수가 없어진다. 이럴 때는 가게 안쪽에 있는 테이블을 예약하고 자리에 앉을 때 그녀를 벽 쪽에 앉히도록 한다.

구석 자리는 가게 전체를 볼 수 있어 안정감을 주고 벽 쪽도 마찬가지로 주변으로부터 보호받는 듯한 기분이 들어 마음이 편해지기 때문이다.

반대로 중앙에 있는 테이블이라면 사방이 트여 주변을 의식하지 않을 수 없다. 남들이 보지 않더라도 식사 예절이나 자신들의 대화가 들리지 않을지 신경 쓰게 된다. 모처럼 즐거운 시간을 위해 준비한 데이트를 망치지 않도록 그녀가 불편하지 않게 구석 자리를 예약하는 것을 잊지 말아야 한다.

거절할 이유가
생각나지 않을 때

내키지 않은 제안이나 부탁을 받았을 때 서로 감정 상하지 않고 거절하는 요령이 중요하다. 직접 거절하면 부탁한 상대방이 민망해하고 자신도 편하지가 않다. 이때 '난처하다'는 한 마디를 적절하게 사용하자.

'난처하다'는 말의 편리한 점은 거절하는 구체적인 이유를 말하지 않아도 된다는 점이다.

예를 들어, 가고 싶지 않은 식사에 초대받았을 때, "이런, 난처하게 됐네, 가고 싶기는 한데 오늘 일이 좀…"이라고 말하면 구체적인 이유를 말하지 않아도 미안한 감정을 전달할 수 있다.

권했던 사람도 가볍게 생각하고 단순히 타이밍이 맞지 않았다고 판단할 것이다. 게다가 '가고 싶기는 한데…'라는 말로 긍정적인 뜻을 내비쳤으니 서로 감정 상할 일도 없다.

하지만 "그날은 출장 가야 해서…"라고 이유를 만들어 거절했다가 나중에 거짓말인 것을 들킨다면 난감한 상황이 발생할 수 있다.

'난처하다'는 말은 이유를 말하지 않고도 거절 의사를 표현할 수 있으니 혹시 마땅한 이유가 생각나지 않을 때는 이 말을 잘 이용해 상황을 모면하자.

'이것이'라는 지시대명사로 진부함을 없앤다

홈쇼핑을 보면 '이것이 바로 요즘 한창 인기 있는 제품이죠', '이것이 여러분이 기다렸던 그 제품입니다' 하는 말을 듣는다. 아무리 봐도 인기 상품으로 보이지 않는데 그 말을 들으면 호기심이 생겨 그 제품에 집중한다.

실은 무언가 소개할 때, 말머리에 '이것이'와 같은 지시대명사를 붙이면 진부한 것도 신기하게 가치 있는 것처럼 느껴진다. 게다가 누구나 알고 있는 것처럼 느끼게 하는 효과가 있다.

"저 상품 정말 싸게 사시는 겁니다"라는 말을 들으면 자기만 그 상품에 대해 몰랐다는 기분이 들고, 갑자기 어떤 상품인지 궁금해지는 것이다.

지면 광고에 '이것이 요즘 유행하는…'이라 쓰는 원리와 같다. 유행인 것처럼 느끼게 해 소비자의 흥미를 불러일으킨다.

신뢰를 높이는 반복 효과

중요한 시험이나 면접을 앞두고 부모님이나 친구들에게 "괜찮아, 다 잘 될 거야!" 하는 격려의 말을 반복해서 들으면 정말 시험에서 좋은 성적을 낼 것 같은 기분이 든다. 혹은 가게 앞을 지나는데 점원이 "싸요, 싸~!" 하고 외치고 있을 때 처음에는 점원의 말을 의심하다가도 점원의 반복되는 외침에 가격이 싸다는 믿음을 갖는다.

비록 거짓말이나 겉치레 말임을 알고 들어도 같은 말을 몇 번씩 들으면 자신도 모르는 사이에 의심이 옅어진다. 능력 있는 상사는 이런 심리를 활용해 부하 직원의 의욕을 이끌어 낸다. 스포츠 감독도 마찬가지이다. 슬럼프에 빠진 선수나 현재는 무명이지만 가능성이 있는 선수들에게 끊임없이 긍정적인 말을 해 주어 훗날, 선수들이 자신의 잠재력을 믿고 노력해 기량을 맘껏 뽐낼 수 있도록 한다. 반복되는 말은 믿음을 불어넣는 힘이 있는 것이다.

결정적인 순간에
한 박자 쉬어라

세상에는 말을 잘하는 사람이 있는가 하면 그렇지 못한 사람도 있다. 말을 잘하는 사람들의 이야기를 들으면 그다지 중요한 이야기를 하는 것도 아닌데 열심히 귀를 기울이게 된다. 이들은 말의 속도를 조절하고 리듬을 주며 결정적인 순간에 쉴 틈을 준다.

단조로운 어조로 장황하게 이야기를 늘어놓으면 청자는 화자가 대체 무슨 말을 하고 싶어 하는지 종잡을 수 없다. 그렇다고 빠른 어조로 떠들어 대는 방법도 바람직하지 않다. 대화는커녕 상대에게 싸움을 거는 것처럼 들릴 수도 있기 때문이다.

대화를 잘 이끌어 가는 사람은 말할 때 강약이 있다. 중요한 부분에서 절묘한 '쉴 틈'을 넣는 것이다. 듣는 사람은 잠깐의 침묵 뒤에 어떤 이야기가 이어질지 흥미를 느끼고 듣기 때문에 머릿속에 자연히 내용이 들어온다.

구체적으로 말하면, 무언가를 설명할 때 '그러니까 그건' 하고 일단 말을 끊은 뒤, 숨 한번 쉬고 '~라는 것입니다' 하는 식이다. 남이 자신의 이야기를 잘 듣게 하기 위해서는 나름의 요령이 필요한 셈이다.

'큰 부탁' 전에 '작은 부탁'을 먼저 하라

 누군가에게 부탁할 때, 어떻게 말을 꺼내야 할지 고민될 때가 있다. 직접 말을 꺼내면 바로 거절당하기에 십상이다. 이럴 때는 먼저 그 사람이 가벼운 마음으로 들어줄 수 있을 것 같은 작은 부탁부터 하는 것이 좋다. 이때, "이것 좀 부탁해도 될까요?"라고 말머리에 '좀'이라는 말을 덧붙이는 것이 중요하다.

 듣는 사람은 '좀'이라는 단어에 부담을 느끼지 않고 순순히 받아들이는 경우가 많다. 이렇게 상대가 승낙해 주면 바로 이어서 "실은 이것도 좀 부탁드리고 싶은데요…" 하고 덧붙이며 진짜 부탁하려 했던 것을 하자.

 상대가 첫 번째 부탁을 승낙한 기세로 바로 "그래요, 해 드릴게요" 하고 말할 수 있게 쉴 틈을 주지 않는 것이 핵심이다. 상대가 한 번 승낙하면 주도권은 이쪽으로 넘어온다. 속으로는 '아차…' 하면서도 당신의 부탁을 받아들일 것이다.

바쁜 사람이 당신의 이야기를
듣게 하기 위한 방법

워낙 바빠서 당신의 이야기를 좀처럼 들어 줄 것 같지 않은 사람을 설득하고 싶을 때는 어떻게 하면 좋을까?

시간이 촉박한 사람을 붙잡고 억지로 이야기해도 시간에 신경을 쓰느라 당신의 이야기를 끝까지 듣지 못할 수 있다. 또 전부 들어 준다 해도 다음에 다시 얘기하자고 하거나 생각해 보겠다고 얼버무릴 것이다. 이럴 때는 전하고 싶은 내용을 적은 메모지를 건네주는 것이 효과적이다. 아무리 바쁜 사람이라도 잠깐 여유가 생길 때 메모를 볼 확률이 높다.

이때, 주의해야 할 것이 문장이다. 편지처럼 장황하게 쓰면 중간에 읽다 말 수도 있다. 그러니 전하고 싶은 요점을 정확하게 적은 다음 건네주자. 이렇게 요점을 정리하면 전하고 싶은 내용을 재확인할 수 있다. 그리고 사람은 귀로 듣는 것보다 눈으로 읽는 것을 더 쉽고 빠르게 이해한다.

따라서 요점을 정리한 메모를 전한 뒤, 나중에 시간을 맞춰 만나서 다시 한번 설명하는 식으로 이야기하면 바쁜 상대여도 효과적으로 전달할 수 있다.

말보다 침묵이
더 강할 때가 있다

　누군가를 설득할 때, 말은 중요한 역할을 한다. 하지만 아무 말 없이 그저 고개를 끄덕이는 행동이 때로는 더욱 효과적일 때도 있다. 특히 상사와 부하처럼 상하 관계가 확실한 상황에서는 그 효과가 더욱 뚜렷이 나타난다.

　"□□사와의 계약, 실패했습니다" 하고 보고하는 부하를 한 번 더 다녀오게 하고 싶다면 무턱대고 명령하는 것은 금물이다. 처음에는 "음, 그랬군" 하고 노고를 위로하듯 고개를 끄덕이는 것만으로도 좋다.

　그러면 부하 직원은 "이것저것 손을 써 보았지만 잘되지 않았습니다" 하고 변명할지 모른다. 그런데도 아무 말 없이 끄덕이고만 있으면 점점 심리적 압박감을 느끼기 시작해 "□□사 말고 계약을 성사시킬 수 있을 만한 다른 곳은 없습니까?" 하고 물을 것이다.

　이때도 변함없이 걱정스러운 얼굴로 끄덕이기만 하면 부하 직원은 점점 더 큰 압박감을 느껴 결국, 본인 입으로 "다시 한번 시도해 보겠습니다"라고 할지 모른다. 상사는 쓸데없는 말 한마니 없이 고개를 끄덕이는 것만으로 부하를 설득할 수 있다.

쉽게 후회하는 사람이
더 설득하기 쉽다

   누군가를 설득할 때는 별것 아닌 일에 매번 후회하는 사람이나, 나중에 돼서야 지난 일을 끙끙대며 곱씹는 사람이 설득하기 쉽다.

   이런 사람들은 당시의 순간을 후회하며 다른 선택을 하지 못한 자신을 책망하거나 후회한다. 그러나 그렇게 후회해도 소용없는 경우가 대다수이고 그런 일이 일상다반사이다. 이를 역이용해 "만약 지금 이렇게 안 하면 나중에 후회하지 않을까요? 이렇게 하지 않아서 후회하는 사람들이 얼마나 많은데요?"와 같은 말을 하면 보다 주의 깊게 듣는다.

   쉽게 후회하는 사람은 더는 후회하고 싶지 않다고 생각하는 마음이 강해 '이렇게 하면 후회하지 않는다'는 말에 약하다.

   그리고 이런 사람은 좀처럼 스스로 결정을 내리지 못한다. 그래서 무언가를 강하게 권하는 사람에게 금방 기댄다. 그런 의미에서도 쉽게 후회하는 사람이 설득하기 쉽다.

속마음을 듣고 싶다면
푹신한 의자에 앉힐 것

툭 터놓고 이야기하고 싶거나 그 사람의 속마음을 듣고 싶다면 딱딱한 의자가 아닌 푹신하고 부드러운 의자에 앉는 게 좋다. 사람은 마음이 편한 상태가 되면 금세 경계심이 풀어지고 쓸데없는 생각을 하지 않고 속마음을 드러내기 쉽다. 푹신한 의자에 앉으면 자신도 모르게 속마음을 이야기하기 쉽다. 의자가 자신의 몸을 포근하게 감싸 주는 듯한 안도감이 마음의 벽을 허물어 주기 때문이다.

의자의 감촉뿐만이 아니다. 의자의 색, 방의 밝기, 온도, 습도 등, 여러 가지 면에서 편안하고 마음이 놓인다는 기분이 들면 누구나 자신을 감싸고 있는 갑옷을 벗어 던지고 자신의 모습 그대로를 드러내고 싶어 한다.

만약 누군가의 속마음을 알고 싶다면 허리를 펴고 앉는 딱딱한 의자가 아닌, 느긋하게 쉴 수 있는 푹신한 의자가 좋다.

같은 것을 다르게
보이게 하는 말의 속임수

약속 시간에 늦을 것 같을 때, 기다리고 있는 사람에게 어떻게 전화하는 것이 좋을까?

'죄송하지만 한 시간 정도 늦을 것 같습니다'보다는 '죄송하지만 60분 정도 더 기다려 주실 수 있을까요?'가 상대방이 받아들이기 쉽다. 한 시간보다 60분이라는 말이 짧게 느껴지기 때문이다.

한 시간과 60분이 같다는 것은 누구나 알고 있다. 하지만 보통 '분'은 한 시간보다 짧은 시간을 나타낼 때 사용한다. 이것이 몸에 배어 있어 같은 길이라고 하더라도 '한 시간'보다 '60분'이 짧게 느껴지는 것이다.

이는 말의 속임수이며 말하는 방법을 달리함으로써 상대의 초조함을 줄인다. 마찬가지로 '이 상품은 저것보다 1kg 정도 더 나갑니다'보다 '1,000g 정도 더 나갑니다'라고 말하는 것이 별 차이 없게 느껴지도록 한다.

상대의 경계심을
풀어 주는 조명 이용법

　레스토랑이나 술집을 고를 때, 가게의 조명 밝기를 기준으로 선택하는 것도 하나의 방법이다. 만약 그 상대방과 친밀해지고 싶다면 조명이 밝은 가게보다는 조금 어두운 장소를 선택하는 것이 좋다.

　사람은 밝은 장소에서는 자신의 모든 것이 속속 드러나 보이는 기분이 들어 불편해한다. 누구라도 부족한 점이나 단점, 숨기고 싶은 점이 있기 마련이며 자신을 드러내 보이기를 원치 않는다.

　밝은 곳에서는 헤어스타일, 표정, 옷매무새 등, 세세한 곳까지 전부 상대에게 보인다는 기분에 마음이 진정되지 않는다.

　내면도 마찬가지이다. 마주한 사람이 자신의 모든 것을 꿰뚫어 보고 있는 듯한 느낌에 불안해진다. 보이고 싶지 않은 부분을 보일까 괜한 경계심이 생기는 것이다.

　사람은 자신을 100퍼센트 드러내 보이며 인간관계를 맺는 경우는 드물다. 누구나 감추는 부분이 있는 법이다.

　이 점을 참고로, 중요한 얘기나 지극히 사적인 얘기를 할 때는 밝은 곳보다는 조금은 어두운 장소를 골라 상대가 경계심을 풀고 편안한 마음으로 이야기할 수 있도록 하자.

상대가 예상치 못한 것부터
이야기하는 설득 기법

　누군가를 설득하고자 한다면, 그 사람의 예상을 빗나간 이야기부터 시작하는 것이 효과적이다. 상대는 자신이 설득당하지 않기 위해 방어적인 태도를 보이는 경우가 많다. 어떻게 설득해 올 것인지 예상해 대답을 준비하거나 다른 방법을 생각해 놓을 것이다. 이런 상대에게는 정통으로 부딪혀도 통하지 않거나 오히려 설득당하기에 십상이고 준비해 둔 방법이 바닥이 나고는 한다.

　이런 결과를 초래하지 않기 위해서는 상대가 예상치 못한 방법으로 공격하는 것이 요령이다. 즉, 상대가 미처 대답을 준비하지 못한 부분을 공략하는 것이다. 어떻게 대답해야 할지 모르는 상대는 말을 우물거리게 된다. 상대방이 설득해 올 것을 알고 방어적이던 그의 기선을 제압해 이야기를 당신의 흐름대로 이끌어 갈 수 있다면 어느새 상대는 기가 꺾여 설득당하기 쉬워질 것이다. 맹점을 공략하는 것처럼 설득하기 좋은 방법은 없다.

결론을 처음과
마지막에 말하라

　회의나 미팅 자리에서 자신의 의견을 말하거나 보고할 때, 결론을 언제 말하느냐에 따라 상대에게 얼마나 잘 전달되는지가 결정된다. 가장 효과적인 것은 처음에 결론을 말하고 난 뒤 마지막에 다시 한번 덧붙여 말하는 것이다.

　대부분의 사람은 이야기하는 사람이 생각하는 결론을 빨리 알고 싶어 한다. 그러니 처음 시작할 때 자기 생각과 결론을 말하자.

　그 같은 결론에 도달하게 한 근거나 생각, 과정을 듣기 위해서는 우선 결론을 알아 두는 편이 듣는 사람도 이해하기 쉽다. 그리고 마지막에 가서 '처음에 말씀드렸듯이', '다시 한번 말씀드리지만' 하고 못을 박아 두면 듣는 사람도 머릿속으로 정리할 수 있다.

　결론을 마지막에 한 번 더 반복해서 말하는 방법을 실천하면 명확한 생각을 하는 지적인 사람이라는 평가를 얻기도 쉬울 것이다.

　이에 반해 결론은 마지막까지 말하지 말자고 주장하는 사람도 있는데, 대단한 화술의 소유자이거나, 모두를 놀라게 할 수 있을 만한 의외의 결론이 아닌 이상, 사람들의 관심을 끌기는 어렵다.

우울한 기분을 날려 버리는 말의 마력

직장에서 실수를 저지르거나, 실연 등으로 마음이 우울해져 기운이 생기지 않는 일은 누구나 경험한다. 이럴 때는 생각도 소극적으로 바뀌어 입 밖으로 나오는 말도 자학적이거나 부정적인 말뿐이다.

하지만 이런 때일수록 억지로라도 긍정적인 말을 하는 것이 좋다. 그러면 기분도 조금씩 풀리고 어느새 정말로 긍정적인 마음으로 변하기 때문이다.

다수의 심리학자도 의욕을 잃은 자신을 위로하고 용기를 북돋아 주기 위해서는 의식적으로라도 쾌활하게 행동하고 밝고 긍정적인 말을 하는 것이 가장 좋은 방법이라고 입을 모아 말한다.

생각만 하지 말고, 실제로 목소리를 내어 말하는 것이 사람의 감정과 몸에도 커다란 영향을 준다. 우울하게 마음이 가라앉아 있을 때, '기운 내자', '잘 될 거야' 같은 말로 자신을 응원하면 기분도 한결 좋아지고 몸에도 생기가 넘치게 될 것이다.

말을 바꾸는 것만으로 자신의 가치를 올린다

남자의 말 몇 마디에 쉽게 넘어오는 여자를 가리켜 '가벼운 여자'라 하고 몇 번을 권해도 매번 거절하는 여자를 가리켜 '그림의 떡'이라 한다. 남자들은 도도한 여성을 높이 평가한다는 뜻이다.

비즈니스에서도 비슷할 수 있다. 대량 생산한 상품이 산처럼 쌓여 있을 때 싸게 팔아도 잘 팔리지 않는데 '곧 품절됩니다'나 '지금 놓치면 구하기 어렵습니다' 하면 이상하게 사람들이 몰려들고, 인터넷에서도 높은 가격에 거래될 정도로 가치가 올라간다.

어느 작가가 말하길 일이 없어도 출판사에 '들어오는 대로 다 하겠습니다' 하고 말하는 것보다 '지금은 바빠서 여유가 없지만 5, 6개월 뒤라면 일정을 비울 수 있을 것 같습니다' 하는 편이 일이 끊이지 않는다고 했다.

그리고 독일 사람은 자신이 아무리 한가해도 아무 연락 없이 찾아오는 사람은 만나지 않는다고 한다. 남들 눈에 자신이 한가한 사람처럼 보이면 약점을 잡힌다는 것을 알고 있기 때문이다.

거짓말이라도 좋으니 때로는 조금 도도한 모습을 보이면 자신의 가치를 올릴 수 있다는 것을 알아 두자.

이런 태도가 자신의 가치를 결정한다

가치가 올라간다	가치가 떨어진다
남의 말에 쉽게 휘둘리지 않는다.	바로 휘둘린다.
필요 이상으로 자신을 알리려 하지 않는다.	필요 이상으로 자신을 알리려 한다.
무턱대고 부탁하지 않는다.	닥치는 대로 부탁한다.
자신은 다른 사람들과 다르다는 분위기를 연출한다.	대부분의 사람들과 비슷해진다.

군중 속의
얼굴 효과

여러 사람의 얼굴이 찍힌 사진이 한꺼번에 눈앞에 펼쳐졌을 때, 가장 인상에 남는 얼굴은 어떤 얼굴일까? 물론, 한 사람 한 사람 자세히 보면 각각의 생김새가 눈에 들어올 것이다.

하지만 여러 명의 얼굴 사진을 한꺼번에 보게 되면, 생김새가 아닌 표정이 제일 먼저 눈에 들어온다. 그중에서도 화난 얼굴이나 놀란 얼굴처럼 부정적인 표정이 가장 먼저 눈에 들어온다.

어느 심리학자의 실험으로는, 화난 얼굴 사진들 속에 단 한 장의 웃는 얼굴 사진을 섞어 놓았을 때보다, 웃는 얼굴 사진들 속에 단 한 장의 화난 얼굴 사진을 섞어 놓았을 때 사람들이 더욱 쉽게 찾았다고 한다.

이것은 자신을 지키기 위한 본능적 기술이기도 하다. 자신에게 적대심을 가진 상대에게 재빨리 대응해야 해서 긍정적인 감정보다 부정적인 감정을 파악하는 것이 우선시된다는 것이다.

이것을 '군중 속의 얼굴 효과(face in the crowd effect)'라 한다.

따라서 많은 사람이 참석하는 자리에 섞여 앉는다 해서 긴장을 늦추어서는 안 된다. 시부한 이야기만 한다고 생각하면서 인상을 찌푸리면 바로 상사의 눈에 띄게 될 뿐만 아니라 주변에도 좋지 않은 인상을 줄 수 있다.

'감사합니다' 하고
마음속으로 말하고 나서
입 밖으로 꺼낼 것

사람은 익숙해지면 자신도 모르게 실수를 저지르게 될 때가 있다. 입 밖으로 자주 꺼내는 말도 그중 하나이다. 예를 들면, 고객의 불만에 대응하는 전화 상담원이 좋은 예이다. 날마다 '정말 죄송합니다'라는 말을 반복하다 보니 나중에는 이 말이 거의 반사적으로 나오게 된다.

그러나 말뿐인 대응은 상대가 쉽게 알아차린다. 마음이 함께 전해지지 않으면 고객을 더욱 화나게 할 수도 있다. '감사합니다'도 반복적으로 말하면 말뿐인 사람이라 의심받고 신뢰를 잃을 수도 있다.

그러면 어떻게 하는 것이 좋을까?

입 밖으로 꺼내기 전에 호흡을 가다듬고 마음속으로 '정말 죄송합니다', '감사합니다' 하고 되뇌어 볼 것을 권한다. 이렇게 자신에게 말하고 난 뒤 입 밖으로 꺼내면 태도나 목소리에도 자연히 진심이 배어나와 상대에게도 전해질 수 있을 것이다.

글을 읽는 유형으로
알 수 있는 성격

테이블을 사이에 두고 앉은 두 사람이 한 장의 서류를 보고 있다고 가정하자. 두 사람 다 서류를 비스듬하게 보게 된다. 이렇게 비스듬히 보이는 글자를 읽을 때는 세 가지 방법이 있는데 어떻게 보느냐에 따라 그 사람의 성격을 파악할 수 있다.

우선 고개를 비스듬히 하는 경우, 이런 유형은 모든 일을 최소의 노력으로 끝까지 해내는 합리적인 사람이다. 다음으로 서류를 자기 앞에 바로 놓고 읽는 사람은 목적을 위해서라면 어떤 노력도 아까워하지 않는 완벽주의자인 경우가 많다. 이 두 가지 유형을 '장의존형'이라 한다.

마지막으로, 서류도 고개도 움직이지 않고 그대로 글씨를 읽는 사람을 '장독립형'이라 한다. 환경에 영향을 받지 않고 가장 합리적인 생각을 할 수 있는 유형이다.

장의존형은 무언가를 자각할 때, 보이는 것에 영향을 받아 분별하기까지 시간이 걸리지만 장독립형은 보이는 것에 영향을 받지 않고 바로 자각할 수 있다. 그리고 장의존형은 문제가 생기면 어떻게 대처해야 할시 고심하지만 장독립형은 유연하게 대응할 수 있는 능력이 있다. 단, 가끔 분위기를 파악하지 못하는 경우가 있다.

두 가지 유형 모두 장난점이 있다는 것도 잊지 말자.

거울에 비친
자신의 모습을 확인하라

누구나 거울을 발견하면 머리를 매만지거나 옷매무새를 점검한다. 하지만 장소를 가리지 않고 이런 행동을 하는 것은 '공적 자기의식'이 높다는 증거이다. 늘 주변 시선을 의식한다는 뜻이다.

이런 사람은 얼핏 보면 나르시시스트처럼 보이지만, 자신의 모습을 거울에 비추어 보며 확인하는 것은 조금도 나쁜 것이 아니다.

반대로, 전혀 거울을 보지 않는 것은 마음에 여유가 없다는 증거이다. 기운이 없으면 자신의 모습을 확인하려는 마음이 생기지 않기 때문이다. 좀처럼 의욕이 생기지 않을 때는 기운을 북돋아 주기 위해서라도 일부러 거울을 보는 방법도 좋다. 거울에 비친 자신의 모습을 객관적으로 보게 되면서 자신에게 활기를 불어넣어 자기의식을 높이는 것이다.

만일 평소 거울을 잘 보지 않던 사람이 갑자기 거울을 보기 시작했다면 어떤 동기 부여가 생겼다는 신호이다.

자신을 효과적으로 알리는 법

 당신은 일이 잘될 때, 지금이 기회라며 자신의 공적을 알리려는 말과 행동을 하지는 않는가? 이렇게 자랑하는 듯한 태도는 '자기 고양적 편향(self-serving bias)'으로 주변에서 반감을 사기 쉽다.

 자기 고양적 편향이란 자신의 어떤 부분을 드러내고 싶어 하는 것으로 타인에게 특정한 인상을 심어 주어 자신의 모습을 효과적으로 보이려 한다. 즉, 어떤 말과 행동으로 타인에게 주는 자신의 인상을 조작하는 것이다.

 그러나 이렇게 자신의 성과를 자랑하기 위한 말과 행동을 하는 자기 고양적 편향은 주변에 오만하고 제멋대로인 인상을 줄 수 있다. 직장에서도 함께 일하기 꺼리는 유형이기도 하다. 반대로 칭찬받거나 공을 세웠을 때 '아직 부족합니다', '○○씨가 많이 도와주셔서…'와 같은 겸손한 행동을 하면 호감을 살 수 있다. 지나치면 자신의 능력이 정말 부족해 보이지만, 능력이 있다면 겸손하기까지 하다며 주변의 평가가 올라간다.

타인의 만족도를 높이는 애태우기 효과

전부터 갖고 싶어 하던 물건을 발견해 원래 가격보다 싼 가격을 제시했는데 점원이 너무 쉽게 승낙해 준다. 이럴 때 기쁘기보다 실제 가격은 더 싼 것이 아닌지 의심하고 자기가 손해를 본 것 같은 기분도 든다.

이런 감정을 가리켜 미국의 인지 심리학자 맥스 베이저만(Max Bazerman)은 '승자의 저주'라 이름 지었다. 자신의 제시가 아무 저항 없이 받아들여지면 기쁨이 반감된다. 그리고 조금 애를 태우다가 손에 넣었을 때의 기쁨이 배가 된다는 것이다. 이 방법을 잘 이용하면 거래를 성사시킬 때에도 도움을 받을 수 있다. 상대의 제의를 바로 받아들이면 기쁨이 반감되니 이럴 때는 '전례가 없었던 일이니 잠시 생각할 시간을 주십시오'와 같은 말로 대답을 미루어야 한다.

그리고 나중에 승낙하면 어려운 일인데 성공했다고 생각하여 그 사람의 만족도가 올라갈 것이다. 물론 다음 계약에도 영향을 줄 테니 애태우기 효과를 사용해 볼 것을 권한다.

칭찬에 약한
사람들의 공통점

 칭찬은 간단한 것 같지만 생각 외로 어렵다. 남들에게 호감을 주기 위해 아무에게나 칭찬하면, 언제나 듣기 좋은 말을 하는 사람이나 아부하는 사람으로 비쳐 미움을 살 수 있다.

 그러니 칭찬할 때는 칭찬에 약한 사람에게 해 주는 것이 좋다. 칭찬에 약한 사람은 '파워 욕구'가 강한 사람이다. 파워 욕구는 '권력 욕구'라고도 하는데 남에게 영향력을 줌으로써 자신을 조절하고 싶어 하는 욕구를 말한다. 그렇게 하면서 자신의 사회적 지위를 높이거나 영향력 있는 사람으로 인정받고 싶은 것이다.

 이런 사람은 칭찬에 자존심을 자극받기도 쉽고 겉치레 말에도 굉장히 약하다. 파워 욕구가 강한 상사일수록 입바른 말을 잘하는 부하를 높이 평가한다는 실험 결과가 있다. 만약, 파워 욕구가 강한 사람이 있다면 칭찬해 주는 것이 좋다.

칭찬에 약한 사람은 '파워 욕구'가 강한 사람

파워 욕구

자신이 남들에게 영향력 있는 사람이라 느끼면 기뻐한다.

⬇ 이런 사람이 칭찬받으면

- 자존심이 고양된다.
- 남들로부터 인정받는다고 느낀다.
- 자신이 힘 있는 사람이라 느낀다.

마음과는 정반대로
행동하는 심리

　직장이나 술자리에서 필요 이상으로 자신을 드러내는 상사나 동료가 있지 않은가. 이런 사람은 경험담을 과장해 이야기하는 경우가 많다. 이때 이들의 이야기를 그대로 믿으면 안 된다. 부자연스러울 정도로 과장하거나 호탕하게 행동하는 것은 '반동형성'에 의한 행동 경향일 수 있다. 반동형성은 억압된 감정이나 행동 욕구가 나타나지 않도록 정반대의 행동을 하는 방어 기제를 말한다.

　즉, 소극적인 사람이 자신의 그런 모습을 인정하고 싶지 않아 정반대로 호탕하고 대담한 행동을 보이는 것이다.

　반동형성에 의한 또 다른 예로는, 자신이 관대하다고 믿으며 부하들에게 관용적으로 구는 상사가 사실은 속이 좁거나, 상사를 존경하는 듯 아첨하지만 알고 보면 그를 미워하는 부하의 경우를 들 수 있다.

　만약, 직장에 이런 사람이 있다면 그의 말을 곧이듣지 않는 것이 좋다.

'딱 5분만' 하고
범위를 한정하는 이유

딱 5분만 이야기를 들어 보라는 영업 사원의 말에 가볍게 들어 주었다가 자기도 모르게 상품을 구매했던 경험이 있지 않은가?

이런 '딱 5분만'이라는 말은 함정이다. 몇 번 속아 넘어간 사람은 영업 사원들의 '5분만'에 속지 않으려 하지만 일상생활에서 '잠시만', '조금만'처럼 범위를 한정시키는 말은 곳곳에 있다. 이렇게 범위를 한정시키는 사람은 사실 그 범위를 지킬 생각이 없다. 단지 상대가 자신의 이야기를 듣도록 하는 방법일 뿐이다. 상대가 이야기를 들으면 그때야 본론을 이야기하고 목적을 이루려는 것이다.

실제로 정말로 바빠 5분밖에 시간이 없는 사람이 아니고는 영업 사원의 말을 중간에 끊고 "5분 지났네요. 이제 그만 하세요"라고 할 수 있는 사람이 많지 않다.

'들어와 보기만 하세요', '일단, 하나만 사보세요'와 같은 말도 이런 심리를 응용한 것으로 '~만'이라는 한정적인 조건부를 붙임으로써 상대의 경계심을 풀고 깨닫지 못하는 사이에 본래의 목적으로 이야기를 이끌어 가는 것이다.

예정된 시간대로 회의를 시작하기 위한 방법

회의를 진행하다 보면 회를 거듭할수록 지각하는 사람이 늘어날 때가 있다. 사람들이 다 모인 다음에 회의를 시작하면, 제시간에 온 사람은 제시간에 와도 기다려야 한다는 생각이 들고 이 때문에 나중에는 지각하는 사람이 더욱 늘어난다.

이를 방지하기 위한 좋은 방법은 회의가 끝나는 시간을 참석자에게 미리 알려 주는 것이다.

예를 들어 회의 시간이 오후 4시이고 끝나는 시간이 정해져 있지 않을 경우, 참석자들은 회의가 어차피 늘어질 거로 생각해 부담감 때문에 일찍 오고 싶어 하지 않는다.

하지만 끝나는 시간이 오후 5시임을 미리 알려 주면 정해진 시간 안에 회의를 끝마쳐야 하고 늦게 오는 사람을 기다려 줄 여유가 없다. 자리에 있는 사람만으로 먼저 회의를 시작해야 하며 회의 내용도 한결 간결해지며 핵심적이 된다.

제시간에 가지 않으면 중요한 안건을 듣지 못하거나 자신의 의견을 말할 기회를 잃게 되어 불이익을 당할 수 있으니 알아서 시간에 맞춰 모이게 되는 것이다.

'만장일치' 속에
숨겨진 함정

　회의는 누구나 자유롭게 의견을 주고받는 장이다. 여러 생각을 모아 토론하고 시간을 들여가며 이야기하면 가장 좋은 대안을 찾을 수 있다고 생각한다.

　하지만 현실은 꼭 그렇지만은 않다. 특히, 최종적으로 어떤 결론을 내놓을 때 자기 생각이 옳다고 여겨져도 다수 의견과 다르면 자신의 의견을 굽힌다. 이를 두고 심리학자 제니스(Irving Janis)는 '집단사고'라 정의했다.

　이런 일이 반복될 경우 대다수의 사람이 독창적이고 건설적인 의견을 내지 못한다. 그 결과, 누구나 쉽게 받아들일 수 있는 무난한 제안이나 기획을 채택할 가능성이 크다. 즉, 변화에 대응하는 신선한 생각이 아닌 현상을 안전하게 유지하고자 하는 의견이 나오는 것이다.

　회의에서 생산적인 성과를 얻고 싶다면 집단사고에 휘말리지 않는 것이 중요하다. 하나 마나 한 회의가 되지 않도록 소수 의견도 받아들이고 진지하게 들어 주는 분위기를 만들 수 있도록 노력해야 한다.

완벽한 기획이 반발을 유발하는 이유

상사의 지시라도 그대로 받아들이거나 다른 사람이 하던 일을 떠맡는 일을 좋아하는 사람은 없다. 특히 유능한 사람일수록 다른 사람의 생각과 제안을 비판적으로 받아들인다.

이런 심리를 잘 이용하면 많은 사람이 자신의 기획서를 긍정적으로 생각하게 할 수 있다. 그것은 기획서를 작성할 때 완벽한 것이 아닌 다소 수정할 여지가 있게 만드는 것이다.

누구나 완벽한 기획안을 원하지만, 동료는 완벽한 기획안대로 일 처리하는 것에 불만을 느낀다. 이는 자신들의 생각이나 능력을 발휘할 여지를 주지 않아서 무의식적으로 경계하고 불만을 품는 것이다.

이런 때는, 수정해도 괜찮은 부분이나 부족한 부분을 조금 남겨 두고 회의를 통해 다른 사람들과 함께 보충하는 것이 좋다. 회의를 진행하는 동안 사람은 자신의 의견이 받아들여졌다는 생각에 만족감을 느낄 것이다. 즉, 여러 사람이 부족한 부분을 채운 기획안이 완벽해졌을 때, 그 과정에 일조했다는 만족감을 느끼게 해야 한다.

상대에게 부담을 주어야
물건을 산다

　영업 사원은 여러 수단을 써서 물건 파는 데 성공한다. 하지만 그 수단의 대부분은 고객이 물건을 사 주기 바라므로 물건을 파는 쪽이 저자세를 취하게 된다.

　때에 따라서는 고객에게 작은 부담을 주는 방법이 효과가 있다. 예를 들어 고객이 물건을 사기 망설일 때 재고가 하나 남았지만, 팔지 않고 고객이 결정할 때까지 기다릴 수 있도록 손을 쓰겠다고 말하면, 자신을 위해 남겨 두었다는 생각에 물건을 구매하는 것이다.

　고객을 위한 자신의 행동을 부각하고, '고객님을 위해'라는 말을 하여 심리적 부담을 주는 것이다. 이런 부담은 강제적이거나 위압적이지 않고 부드러운 부담이다. 상대방의 입장을 존중해 자신을 신경 써 주었다는 감사함이 들도록 해야 한다.

비싼 물건을 사고
싶게 하는 대비 효과

　물건값이 싸다는 느낌과 비싸다는 느낌은 그 사람의 경제적 여유와 관련이 있지만 어떻게 물건을 보여 주느냐에 따라서도 달라진다. 비싼 물건을 연이어 보여 주다가 비교적 싼 물건을 내놓으면 그다지 싼 물건이 아니어도 왠지 싸게 느껴진다. 이는 무의식적으로 앞에서 본 비싼 물건과 비교하게 되기 때문이다.

　예를 들어, 2,000만 원으로 자동차를 사려는 고객에게 한 단계 위인 3,000~4,000만 원의 자동차 팸플릿을 보여 주는 것이다.

　물론, 보여 주기만 할 뿐 권하지는 않는다. 예산이 2,000만 원인 고객이 예산의 두 배나 하는 자동차를 살 수는 없다. 그러나 고가의 자동차를 연이어 보여 주면 가격이 비싸도 그것이 보통이라는 생각을 한다.

　그러다 나중에 원래 예산인 2,000만 원 정도의 자동차를 보여 주면 어딘가 부족하다는 느낌을 받는다. 결국, 고객은 그보다 한 단계 위 자동차에 욕심을 낸다.

　이때의 요령은, 한 단계 위의 자동차는 보여 주기만 하고 권할 필요는 없다는 것이다. '대비 효과'는 부동산이나 자동차 등, 고가의 물건을 판매하는 곳에서 잘 사용하는 방법이니 알아 두자.

약속 시간에 늦은 사람에게 미소 지어라

누구나 약속 시간에 늦은 적이 있을 것이다. 한두 번이 아니고 자주 약속에 늦는 사람은 성실하지 못하다는 인상을 받을 수 있다. 특히 일적인 관계에서 시간관념이 철저하지 않은 사람은 신뢰를 잃기에 십상이다.

만일 누군가 지각했다면 그 사람을 비난하기보다 웃는 얼굴로 미소 지으며 맞이하는 방법이 좋다. 특히 회의에 늦은 사람에게 책망하지 않고 미소를 보내면 회의를 자신에게 유리하게 이끌 수 있다. 지각한 사람은 약속 시간에 늦은 일을 후회하며 올 것이다. 상대방이 분명 화를 내고 있을 거로 생각하며 조마조마한 상태일 때가 많다. 이렇게 겁을 먹었을 때 웃는 얼굴로 맞이하거나 평상시처럼 대하면 지각한 사람은 미안함과 부담이 더욱 강해진다.

이런 심리 상태에서 회의를 시작하면 자신에게 유리한 흐름으로 이야기를 진행하기 수월하다.

감정적으로 흥분한 사람을 상대하는 법

별것 아닌 일에도 감정적으로 대처하는 사람이 있다. 이때, 자신도 상대방에 맞서 발끈해서는 대화할 수가 없다. 이럴 때는 화내지 말고 냉정하게 상대의 말을 분석하는 것이 중요하다.

가령, 업무에서 실수하여 상사에게 '멍청하다'는 비난을 들었다고 하자. 이는 상사가 화가 나서 의도하지 않게 입 밖으로 나온 말일 것이다. 이런 말 뒤에는 대부분 핵심을 찌르는 말이 나오는 경우가 많다.

예를 들어, '내가 뭐랬어, 보고서에 빠진 건 없는지 미리미리 확인하라고 했지!'처럼, 상사가 화를 내는 이유를 알 수 있다.

사람은 누구나 감정적일 때는 자제하려 해도 자기 생각을 직설적으로 내뱉게 된다. 하지만 모호하게 말하는 것보다 직설적이고 거침없이 말하면 참고할 부분도 많다.

이런 사람을 설득하고 싶다면 바로 대응하지 말고 그의 화가 가라앉을 때까지 기다렸다가 논리적으로 접근하는 것이 좋다.

상대를 반발하게 해서 속마음을 알아내다

　대화에 자신 없는 사람은 크레송을 참고하는 방법도 좋다. 1991년 프랑스 최초의 여성 수상이 된 에디트 크레송(Edith Cresson)은 최초의 여성 수상이라는 명예 외에 가식 없는 솔직한 발언으로 세상을 떠들썩하게 한 인물로 유명하다.

　그녀 화술의 특징은 상대를 불쾌하게 하는 말투를 사용함으로써 반발심을 유발해 그 사람의 속마음을 끄집어내는 것이다.

　오해할 소지가 있는 말로 일방적으로 화나게 하는 것이 아니라 반론하고 싶게 하는 아슬아슬한 지점까지만 도발한다. 예를 들어, 예산안이 타협을 보지 못하고 난항을 겪고 있는 교섭에서 이만 손을 떼야겠다고 발을 빼는 듯한 말로 상대가 반응하게 유도하면 상대는 "이 자리를 빌려 말씀드리지만, 저희는 이 정도의 예산밖에 준비되지 않았습니다" 하고 속내를 털어놓을 것이다.

　이렇게 되면 상황은 유리해진다. 머릿속으로 그린 이야기대로 상황을 이끌어 가면 된다. 속마음을 드러낸 상대는 자신의 패를 보여주었기 때문에 절대적으로 불리해진다.

Chapter 03

일 잘하는 사람의
심리 활용법

기획을 통과시키려면
버려질 후보 제안을 만들자

　상사나 기업주에게 자신의 기획을 제안할 때 사전에 몇 가지 후보 계획을 생각해 두면 통과시키고자 했던 기획을 쉽게 통과시킬 수 있다. 후보가 하나이면 선택지가 없어 단지 기획의 좋음과 나쁨을 판가름만 할 수 있을 뿐이다.

　하지만 여러 제안 속에서 장단점을 비교하면 당신이 생각하는 기획안이 돋보이게 된다. 가능하다면 세 가지 정도의 유형을 생각해 둔다. 예를 들면, 기획안은 좋지만 예산이 많이 필요한 A안, 기획안도 예산도 무난한 B안, 예산은 많이 필요하지 않지만 내용이 좋지 않은 C안. 이렇게 세 가지를 준비한다. 이 경우 통과시키고자 하는 기획안은 B안이다.

　B안만 제시하면 B안의 단점이 드러나고 더 좋은 기획안을 원하며 거부당할 수 있다. 그러나 A안과 C안을 함께 제시하면 그 세 개 안에서 비교하게 되니 예산과 기획이 무난한 B안이 선택될 수 있다.

거래를 성사시키려면
만나는 시간의 횟수를 늘려라

얼굴을 자주 보는 사람과는 사랑에 빠지기 쉽다고 한다. 심리학에서는 이를 '노출 효과'라 한다. 어떤 사람을 반복해서 만나면 무의식적으로 상대에 대한 호감도가 높아지는 것이다. 일할 때 이 원리를 이용하면 큰 도움이 된다. 계약을 성사시키고 싶다면 만나는 시간이 짧더라도 꾸준히 얼굴을 내미는 것이 중요하다.

만일, 3개월에 한 번 와서 꼬박 1시간 대화를 나누는 영업 사원과 매주 1번은 방문해서 15분 정도 대화를 나누는 영업 사원을 비교해 보자. 가끔 들르는 영업 사원보다 자주 얼굴을 비추는 영업 사원 쪽이 친근감을 주고 성실한 사람이라는 인상을 줄 수 있다.

물론 일에 방해가 되어서는 안 되니 상대의 상황을 고려하면서 방문 횟수를 늘려야 한다. 거기다 방문할 때마다 새로운 자료나 귀가 솔깃해지는 정보를 가져간다면 더욱 효과적일 것이다. 그러면 서로에 대한 신뢰도 착실히 쌓을 수 있어 교섭이나 거래를 성사시킬 가능성이 커질 것이다.

화제가 막히지 않는 'T·W·H·N' 법칙

거래처와 만날 때 일과 관련한 이야기만 하는 것은 좋지 않다. 회의를 시작하기 전에 잠시라도 소소한 잡담으로 상대를 편하게 하고 자신의 긴장도 풀어야 회의 분위기를 부드럽게 할 수 있다.

하지만 이때 잡담의 화제를 무엇으로 선택할지가 간단한 듯하면서도 절대 쉽지 않다.

이미 잘 아는 사이라면 화제가 끊이지 않겠지만, 첫 거래처이거나 그다지 실적이 없던 곳이라면 무슨 말을 해야 할지 고민스럽기 마련이다.

뜬금없는 가족 이야기와 같은 개인적인 화제는 피하는 것이 좋다. 부부 관계가 원만하지 않거나 가정 문제로 고민하는 사람이 있다면 어색한 분위기가 될 수 있다.

이럴 때 무난한 것이 'T' 'W' 'H' 'N'이 앞머리에 붙는 화제이다. 'T'는 텔레비전, 'W'는 날씨, 'H'는 취미, 'N'은 뉴스에 대한 화제이다. 이 같은 이야깃거리라면 남의 마음을 상하게 할 일도 부담을 줄 일도 없다.

단, 뉴스를 화제 삼아 대화를 나눌 때도 정치나 종교에 관한 화제는 피하는 것이 좋다. 남이 어떤 생각과 신앙을 가졌는지 알 수 없으니 자칫 말실수라도 하면 험악한 분위기가 될 수 있다.

남을 불쾌하게 했을 때 빨리 풀어 주는 기술

살다 보면 예상하지 못했던 일로 남을 화나게 할 때가 많다. 이럴 때는 괜히 문제를 길게 끌지 말고 진지하고 정중하게 상대의 화를 풀어 주는 것이 중요하다.

먼저, 자신의 잘못이라면 정중히 사과하고 상대의 마음이 풀릴 때까지 그의 말에 귀를 기울여야 한다. 이때 섣불리 변명하면 상대를 더 화나게 할 수 있으니 진지하게 용서를 구하고 상대의 이야기를 들어야 한다. 사과해도 상대방이 적당히 넘기려는 사과라고 느낀다면 반성의 기색이 없다고 생각하여 더욱 화를 낼지도 모른다. 그랬다가는 앞으로의 관계에도 차질이 생긴다.

만일 중요한 거래처 사람을 화나게 했다면 상사와 동행하는 것이 좋다. 거래처에서 어느 정도 위치에 있는 사람의 방문은 조직 내에서도 심각한 사태로 인식하고 있다는 인상을 줄 것이다. 그러면 '저 사람도 회사에서 꽤 꾸지람을 들었겠군, 뭐 그렇게 반성하고 있다면야…' 하고 상대의 기분을 풀어 줄 수 있다.

명찰로 책임감을
강하게 만든다

　직원들이 성실히 일하기를 원한다면 명찰을 달아 주어야 한다. 특히, 레스토랑이나 서비스 창구 등 고객과 얼굴을 마주하는 곳이라면 명찰은 기본이다.

　명찰을 달고 있지 않으면 누군가 물어보지 않는 한 자신의 이름이 알려지는 일이 없다. 즉, 익명인 상태에서 일해서 책임감을 덜 느끼고 마음도 해이해지기 마련이다. 그래서 서비스의 질도 떨어지고 실수할 가능성도 크다.

　그러나 명찰 하나로 익명에서 이름을 가진 개인이 된다. 문제가 생기면 자신의 이름으로 불만 사항이 들어올 수 있으니 책임감이 커진다.

　고용자 역시 매장을 돌아볼 때 직원의 명찰을 보고 "○○씨, 열심히 하고 있군" 하며 자연스럽게 말을 걸어올 수 있다.

　즉, 명찰을 가슴에 달아 주는 것만으로 자연스럽게 책임감도 강해지고 일도 더욱 열심히 하게 된다.

약속 시간 엄수를 원한다면 딱 떨어지는 시간은 피하라

쇼핑하다 보면 모호한 끝수 가격에 맞닥뜨릴 때가 있다. 끝수 가격은 9,990원과 같이 딱 떨어지지 않는 가격을 말한다. 10,000원처럼 딱 떨어지는 숫자와 겨우 10원 차이지만 자릿수가 바뀌기 때문에 싸게 느껴지는 효과가 있다. 이같이 숫자를 살짝 조작하는 것만으로 소비자가 느끼는 이미지가 크게 바뀌기도 한다. 시간도 마찬가지다.

언제나 약속 시간보다 늦게 나타나는 사람이 있다. 조금은 괜찮겠지 하면서 5분, 10분 늦게 오는 것이다. 이런 사람들과는 6시나 7시처럼 딱 떨어지는 시간에 약속을 잡지 않는 것이 좋다. 시간을 잘 지키지 않는 사람은 6시라고 하면 무의식적으로 6시쯤으로 어림잡아 생각한다. 그래서 10분 늦어도 6시의 범위에 속한다고 해석한다.

하지만 약속 시간을 5시 50분으로 하면 '~시쯤' 할 수 있는 시간의 여유가 줄어든다. 10분 늦으면 6시가 되므로 되도록 약속 시간에 도착할 수 있도록 노력하게 된다. 따라서 빈번하게 지각하는 사람과 약속할 때는 딱 떨어지는 시간은 피하는 것이 좋다.

회의를 부드럽게 진행할 때
원 테이블이 좋은 이유

　서로의 의견을 주고받으며 부드러운 분위기 속에서 회의를 진행하고 싶을 때는 직사각형 테이블이 아닌 원 테이블을 이용해야 한다. 직사각형 테이블은 어쩔 수 없이 의장석이 정해지고 자연스럽게 자리에 서열이 생긴다. 그리고 테이블이 커질수록 대각선으로 마주 앉은 사람들의 거리가 멀어져서 의견 교환이 힘들어진다. 따라서 형식적이고 딱딱한 회의가 되기 쉽다.

　하지만 원 테이블은 자리의 서열이 생기지 않아 서로 대등한 입장에서 자유로이 의견을 주고받을 수 있다. 또한, 대각선으로 마주 앉은 사람들의 거리가 멀어질 염려도 없고 서로의 말을 알아듣기 어려운 일도 없다. 모두 각자의 의견에 귀를 기울일 수 있다.

　게다가 원에는 각이 없어서 자연스럽게 부드러움이 연상된다. 물론 테이블처럼 사소한 것은 신경 쓰지 않는 사람이 많다. 하지만 회의 준비할 때는 테이블 선택부터 고민하면 목적에 맞는 회의 분위기를 만드는 데 쉽다.

부드러운 회의 진행을 원한다면 원 테이블이 좋다

장방형 테이블은 필연적으로 의장석이 결정된다.

'의장'과 같은 존재가 생기지 않아
서로 대등한 관계에서 의견을 교환할 수 있다.

의욕과 능력을 향상하는
목표 설정의 원리

부하 직원의 의욕을 이끌어 내기 위해서는 조금은 높은 목표를 설정해 주는 것이 좋다. 간단히 달성할 수 있는 목표에는 특별한 의욕이 생기지 않지만, 실력보다 조금 높은 수준의 목표가 생기면 도전 의식을 자극하게 된다.

여기서 중요한 것은 '조금 높은 목표'이다. 목표를 실력보다 너무 높게 잡으면 시작하기 전부터 못 할 것으로 생각하고 단념하니 의욕이 생기기도 전에 끝나 버리고 만다. 노력하면 손에 닿을 수 있을 것 같은 목표라면 열심히 해 보자는 마음이 생기기 마련이다.

앞에서 설명했듯이 목표는 되도록 구체적인 것이 효과적이다. 예를 들어, 계약 10건을 성사하는 것이 목표라면 7건 했을 때 남은 3건만 하면 된다고 생각하며 목표를 향해 구체적으로 다가갈 수 있다. 자신의 목표가 가까이 있음을 알면 조금 더 참고 분발한다.

이 방법을 잘 활용하면 의욕을 불러일으키는 것뿐만 아니라 부하 직원들의 능력을 키울 수 있다. 그러면 결과적으로 조직 전체에도 활기가 생길 것이다.

단결력을 높이는 기술

　사회는 조직으로 이루어져 있다. 결속이 잘되지 않으면 당연히 효율성도 떨어진다. 하나의 팀으로 뭉쳐서 일하는 것이 가장 이상적이겠지만, 팀에는 서로 마음이 맞지 않는 사람이나 경쟁자가 있을 수 있어 생각처럼 쉽지 않다.

　이때 공동의 적을 만들면 팀의 결속력이 생긴다. 스포츠가 좋은 예이다. 평소 잘 부딪치는 경쟁자나 사이가 좋지 않은 사람과도 같은 팀일 때는 상대 팀과 싸우기 위해 협력하고 승리라는 목표를 향해 힘을 합친다.

　이같이 사내에서 단결이 필요할 때는 공동의 적을 만들면 된다. 회사의 발전을 위해서는 당연히 경쟁자 기업의 존재가 중요할 테고, 부서의 매출을 올리고 싶다면, 옆 부서를 경쟁 대상으로 삼아도 좋다. 어떤 목표를 향해 힘을 모아 맞서는 마음이 조직의 단결력을 높인다.

　단, 공동의 적에 너무 집중한 나머지 노골적인 싸움이 되어 버린다면 애초의 목적과 다른 방향으로 상황이 나빠질 수 있으니 경쟁심은 적당히 불어넣어야 한다.

회의에 집중하기 쉬운
환경 만드는 법

누구나 장시간 늘어진 회의를 좋아하지 않는다. 이런 회의는 참석자들의 집중력도 점점 떨어뜨리고 결론도 뚜렷하게 나지 않는다. 회의를 효율적으로 진행하고 싶다면 좁은 공간에서 하는 것도 방법이 될 수 있다. 이것은 인원이 많은 회의에는 적합하지 않으나 인원이 많지 않으면 다소 좁은 곳이 좋다.

공간이 너무 넓으면 긴장감이 모두에게 전달되지도 않고 서로의 의견을 알아듣기 힘들어져 자연히 집중력이 떨어진다. 결국, 회의 참여에 대한 의지가 떨어져 진지한 토론이 불가능해진다. 하지만 좁은 회의실은 좋든 싫든 참석자 간의 거리가 가까워져 멍하니 있는 사람이 생기면 모두 바로 알게 된다. 자연히 참여 의식이 높아져 서로의 얼굴을 마주하면서 의견을 주고받을 수 있다.

따라서 효율적인 회의 분위기를 만드는 요소 중 하나가 회의실 크기라는 사실을 알아 두자.

살짝 턱에 손을 대고 말하면 성실한 인상을 준다

중요한 거래를 앞두고 성실성을 보이고 싶다면 열심히 준비해 가는 것은 기본이지만 그 외 다른 요소로도 영향을 줄 수 있다. 누군가 의견을 물었을 때, 턱에 손을 가져가 아주 잠깐 '사이'를 두었다가 대답하는 방법이다.

이런 행동은 상대의 질문을 머릿속에서 정리하고 난 뒤에 자기 나름대로 열심히 대답을 찾는다는 인상을 준다. 질문한 사람에게 당신이 어설프게 대답하려 하지 않는다는 느낌이 들게 해 성실한 인상을 줄 수 있다.

또한, 아주 잠깐 사이를 둠으로써 그 말에 주목하게 한다. 이렇게 상대의 얼굴을 마주 보며 공손하게 자신의 의견을 말하면 당신의 성실성을 더욱 부각할 수 있다.

주의해야 할 점은 너무 과한 몸짓이나 손짓은 금물이라는 점이다. 과장된 행동은 오히려 가벼워 보이기 때문이다. 아무렇지 않은 듯한 아주 잠깐의 '사이'가 상대도 의식하지 못하는 사이에 당신의 성실한 인상을 심어 줄 것이다.

다리를 벌리고 앉으면
남의 마음을 열기 쉽다

　부하 직원과 원활한 의사소통을 원한다면 먼저, 부하 직원의 마음을 열어야 한다. 상사를 어려워하는 부하 직원과는 신뢰 관계를 만들어 가기 힘들다.

　만약, 부하 직원이 당신에게 어떤 경계심을 가진 것 같다면 당신이 먼저 마음을 편하게 해 주어야 한다. 그 방법의 하나로 평소 행동을 이용하는 것이 있다. 앉을 때 다리를 벌리고 앉기만 하면 된다.

　행동에는 그 사람의 심리가 나타난다. 다리를 오므리고 있는 행동은 함께 있는 상대를 경계하고 불편해한다는 증거이다. 반대로 다리를 벌리고 있다면 마음을 열어 안심하고 있다는 증거이다. 팔도 같다. 팔짱을 끼고 있는 사람에게서는 까다로운 성격에 무언가 경계하는 인상을 받고 편하게 두 팔을 벌리고 있는 사람에게서는 타인을 환영하고 받아들이려는 인상을 받는다.

　그렇다고 직장에서 두 팔을 벌리고 있는 행동은 부자연스러우니, 다리를 살짝 벌리고 앉아 상대의 경계심을 풀어 주는 방법을 이용하자. 때로는 언어적인 표현보다 비언어적인 표현이 효과적이다.

언짢은 표정을 짓는다고 해서 나를 싫어하는 것은 아니다

연애하기 시작했을 때 상대방이 늘 웃는 얼굴을 하고 있었는데 사귄 기간이 오래될수록 기분 나쁜 얼굴을 자주 보여 주는 경우가 있다. 이때 상대방의 애정이 식었다고 오해를 한다. 하지만 이 표정은 그녀가 마음을 열고 있다는 뜻일 수도 있다. 그다지 친하지 않을 때는 표정이나 말투에서 자신의 모습을 꾸미기 마련이다. 상대에게 형식적인 예의를 차리거나 기분을 상하게 하지 않기 위해서도 '만든' 표정이 되거나, 이야기할 때도 무난한 내용에 치우친다.

하지만 가까워질수록 서로에 대한 벽이 허물어져 자신을 있는 그대로 드러내고, 대화 내용도 고민 상담이나 따끔한 충고 등, 주로 웃고 넘길 수 있는 이야기를 했던 옛날과는 달라진다. 그래서 자기도 모르게 기분 나쁜 얼굴을 하거나 다투기도 한다.

이것은 서로 신뢰하는 마음이 두터워졌다는 뜻이기도 하다. 편하지 않은 사람에게 얼굴을 마주 대하고 속마음을 털어놓는 일은 없기 때문이다. '다툴 수 있을 정도로 사이가 좋다'는 말처럼 언짢은 기분을 얼굴에 나타낼 수 있는 사람에게는 자신의 부정적인 감정도 그대로 드러낼 수 있다는 뜻이다. 그러니 연애 상대가 예전보다 자주 인상을 찌푸린다고 해서 애정이 식었다고 생각하지 말아야 한다.

설득력을 높일 수 있는 '미스디렉션' 비법

대화할 때 표정 다음으로 가장 신경 쓰는 것이 손의 움직임이라고 한다. 이야기 중에 누군가가 손가락으로 가리키며 "저 건물 말이야…" 하면 대부분의 사람은 그쪽을 보게 된다.

이를 교묘하게 이용하는 직업이 마술사이다. 마술은 장치 그 자체가 마술이라고 생각하기 쉽지만, 관중의 눈을 속이는 것은 마술과는 무관한 손의 움직임이다.

이를 미스디렉션(Misdirection)이라 하는데, 현란한 손의 움직임으로 관중의 주의를 끌어 속임수를 위장하는 것이다. 마술사의 능력은 마술 기술보다 얼마나 능숙하게 미스디렉션을 할 수 있는가에 달려 있다고 보아도 좋다.

손이 갖는 신뢰성과 설득력은 비즈니스에서도 활용할 수 있다. 예를 들면, 프레젠테이션할 때 손과 손가락의 움직임을 활용하여 설득력을 높이고 말에 활기를 불어넣을 수 있다. 과장하면 역효과이나 설득하고 싶은 순간에 방점을 찍듯 잘 활용하면 상대방의 주의를 끌고 분위기를 전환할 수 있다.

상대가 왼쪽 자리를 권하는 이유

누군가와 함께 테이블 의자에 앉을 때는 서로 마주 보며 앉거나 비스듬히 마주 보며 앉거나, 혹은 옆으로 나란히 앉는 등 상대방과의 관계와 분위기에 따라 달라진다.

이중 가장 친밀감이 커지는 위치는 옆으로 나란히 앉는 것이다. 단, 상대가 자신의 왼쪽 의자에 앉기를 권한다면 주의해야 한다. 일반적으로 오른손잡이는 자신의 오른쪽에 있는 사람과 마음 편히 이야기할 수 있다고 한다. 주로 쓰는 팔을 빠르고 자연스럽게 움직일 수 있어 오른쪽에 대한 경계심이 없어지기 때문이다.

그러나 자주 쓰는 쪽의 반대편을 권하는 것은 당신에 대한 경계심이 아직 남아 있어서 인지도 모른다. 이럴 때는 상대의 말에 귀를 기울이거나 웃는 얼굴을 유지하는 등 편한 분위기를 만드는 것이 중요하다.

하지만 솔직한 감정은 얼굴 왼쪽에 나타나기 쉬우니 왼쪽에 앉는다면 그의 왼쪽 표정을 주의 깊게 보는 것도 도움이 될 것이다. 물론, 상대가 왼손잡이인데 자신의 왼쪽에 앉기를 권한다면 그만큼 신뢰한다는 뜻이다.

회사 책상을 자기 공간으로 꾸미는 사람은 책임감이 있다

회사 책상을 자기만의 공간으로 꾸미는 사람이 있다. 아이돌 가수 사진이나 포스터, 피규어로 장식하는 것이다. 그들의 책상을 보고 어떤 이질감을 느끼거나 유아적인 사람이라 생각하며 미간을 찌푸릴지도 모르겠다. 하지만 이들은 책상 주변을 자기만의 안락한 공간으로 만듦으로써 일을 효율적으로 할 수 있다. 어려운 일이 생겨도 좋아하는 것에 둘러싸여 있어 마음을 진정시키고 스트레스를 받지 않을 수 있다. 사람은 자기에게 익숙한 환경에서 더 편안하게 일을 할 수 있기 때문이다.

또한, 개인 소유의 물건으로 장식하는 것은 자신만의 공간임을 드러내며 타인의 공간과 경계를 두는 표현이다. 제멋대로에 자기중심적인 면이 있고 자신의 세계를 누구에게도 방해받고 싶지 않은 욕구도 강하다.

하지만 그래서 맡은 일을 완수해 낸다. 즉, 책임감이 강하다. 그러니 당신의 부하 직원이 자신의 취향에 맞게 책상을 꾸며도 경계하거나 놀고 있다고 생각하지 말아야 한다.

팔짱을 끼고 있는 상사의 속마음

팔짱은 주로 멍하니 어떤 생각에 빠져 있거나, 상대방을 노려보고 있거나, 거만한 태도로 말할 때 등, 일상생활에서 팔짱을 끼는 일이 많다. 그러나 앞서 말했듯이 팔짱을 끼는 행위 속에는 불안이라는 그림자가 존재하는 법이다.

예를 들면, 계약을 앞둔 자리에서 팔짱을 끼고 있는 사람이 있다면 어떤 불안과 긴장으로 마음이 닫혀 있거나 내용 중에 무언가 마음에 들지 않는 것이 있다는 뜻일 수도 있다. 그럴 때는 분위기를 편안하게 만들고 그의 긴장을 이완시켜 주는 방법으로 계약을 성공적으로 이끌 수 있다.

마찬가지로 상사가 팔짱을 끼고 부하 직원의 보고를 듣고 있다면 불만족스러운 것이 있을지 모른다. 아니면 다른 걱정으로 부하 직원의 말 자체를 듣지 않고 있는지도 모른다. 이럴 때는 처음부터 다시 보고를 시작하는 편이 좋다.

또한, 팔짱을 낀 채 부하 직원을 꾸짖는 상사는 언뜻 위압적으로 보이지만, 의외로 자신감이 없는 사람들이 많다.

남의 이야기를 들으면서
무언가를 만지는 이유

사회생활에서 분위기를 파악할 줄 안다는 건 대단히 중요하다. 주변의 반응을 읽어 내고 순발력 있게 행동할 수 있는 사람이야말로 능력 있는 사람이다.

예를 들어 프레젠테이션 자리에서 듣는 이의 태도를 확인하는 행동은 중요하고 의미 있다. 대부분은 긴장하여 발표할 내용을 정확하게 전달하는 데만 신경을 쏟는다. 하지만 주변 반응에 주의를 기울이면 어느 부분에 흥미를 느끼고 어느 부분을 잘못 듣고 흘려버렸는지를 알 수 있다.

사람은 지루하면 따분하다는 듯이 괜히 안경을 닦거나 펜이나 라이터 등 가까이에 있는 물건을 만지작거린다. 무료함을 달래기 위해 손을 움직이고 싶어지는 것이다.

프레젠테이션 도중에 누군가 이와 같은 행동을 한다면, 그 부분은 짧게 끝내고 '우선 지금까지 설명한 부분에서 질문 있으신가요?' 하고 말을 해 보자. 멍하게 듣고 있던 사람들의 분위기를 단번에 바꾸는 효과가 있을 뿐 아니라 이야기를 듣고 있지 않음을 비판하는 의미도 있다.

덧붙여, 자신의 의견이나 반론을 제기할 타이밍을 노리는 때에도 손동작이 산만해진다는 것을 기억해 두면 좋다.

친근한 분위기로 이끌 수 있는 넥타이 연출법

　넥타이를 느슨하게 하는 것은 스스로 긴장을 풀고 싶어서이기도 하지만, 함께 있는 사람에게 친근감을 드러내거나 마음을 열고 이야기를 나누길 바라는 뜻이 들어 있다.

　도저히 마음이 맞지 않는 부하 직원이나 후배와 허심탄회하게 이야기하고 싶다면 우선 넥타이부터 풀어야 한다. 넥타이뿐만 아니라 재킷을 벗거나 와이셔츠 소매를 풀어 걷어 올려도 좋다. 손목시계나 안경 등, 몸에 걸치고 있는 것을 느슨하게 하는 것도 긴장된 분위기를 누그러뜨릴 수 있는 좋은 방법이다.

　거래처 담당자도 마찬가지다. 비단 상하 관계뿐만 아니라, 원만한 인간관계를 만들고 싶다면 자신부터 먼저 그 마음을 행동으로 표현해야 한다. 그렇다고 갑자기 재킷을 벗는 것도 예의에 어긋나는 행동이니 미팅이 일단락 지어지면 자연스럽게 안경과 재킷을 벗으면 효과가 있을 것이다.

　거꾸로 위압적으로 강하게 밀어붙이고 싶다면 이런 행동은 하지 말아야 한다. 그런 상황에서 몸에 걸치고 있는 것을 느슨히게 하는 행동은 '패배 선언'을 하는 것 같다.

무서운 얼굴을 연기해
생각대로 일을 진행하는 법

"오늘 중으로 기획서를 제출하게"라고 상사가 부드러운 얼굴로 말하면 안일한 마음이 들면서 내일까지 해도 괜찮을 거로 생각한다. 하지만 당장에라도 화낼 것 같은 무서운 얼굴로 말한다면 안일함을 버리고 일에 몰두할 것이다.

무서운 얼굴은 직접 경고하지 않아도 두려움을 연상시켜 누구나 직관적으로 상대를 거스르지 않도록 조심한다. 인류의 긴 역사를 보아도 대부분의 독재자와 민중은 공포와 복종 관계로 이루어졌다.

즉, 사람이 복종하고 따르는 감정적 기반은 두려움이다. 누군가를 따르게 하고 싶으면 자신을 무서운 존재로 인식하게 하면 된다. 언제나 무서운 얼굴로 자신이 정한 규칙을 반드시 지키도록 하고, 어기는 사람은 이유를 막론하고 용서하지 않겠다는 태도를 철저히 하면 누구라도 따르게 된다.

단, 공포심만으로 사람들을 따르게 하면 불만이 쌓여 반발이 일어날 수 있다. 상사라면 엄격함과 너그러움이 조화를 이루어야 이상적이다.

과장된 행동으로 용기를 내자

　긴장하면 몸이 굳어지고 마음도 위축되어 머릿속이 새하얘질 때가 있다. 이럴 때일수록 행동을 크게 하고 감정을 표출해야 한다. 과장된 행동은 자신이 강해진 것 같은 기분이 들게 하는 효과가 있다.

　운동선수가 득점한 뒤 소리 지르며 승리의 자세를 취하는 것도 이러한 행동의 일환이다. 크게 행동하여 승리의 기쁨을 드러내고 자신을 강하게 보이게 하면서 스스로 용기를 북돋아 주는 것이다.

　같은 맥락으로 동물이 위압적으로 앞발을 들고 서거나 이를 드러내며 으르렁거리는 위협적인 자세 등도 자신을 강하게 보이게 하고 사기를 높이려는 본능이다.

　과장스러운 행동과 표정을 하거나 목소리에 강약을 주어 힘을 실으면 자연스럽게 기분이 고양된다. 까다로운 사람과의 회의에 들어가기 전, 운동선수들이 원형으로 둘러서서 하듯이 주먹을 하늘로 쳐올리며 기합을 넣는 것도 좋은 방법이다.

거래 성사를 앞두고 상대방이 주춤할 때는 미소를 지어라

웃는 얼굴에는 강력한 힘이 숨겨져 있다. 타인에게 좋은 인상을 줄 뿐만 아니라, 경계심을 풀고 친근감을 주는 긍정적인 효과가 있다. 그래서 비즈니스에서도 적절히 사용하면 좋은 결과를 낼 수 있다.

예를 들어, 회의에서 양쪽의 생각이 좁혀지지 않으면 아무리 의견을 주고받아도 결말이 나지 않은 채 평행선을 그린다. 이럴 때 부드럽게 웃는 얼굴이 필요하다. 그러면 그때까지 어둡고 심각했던 분위기가 바뀌어 긴장감이나 대립으로 날카로워진 분위기를 누그러뜨릴 것이다. 그 틈을 노려 양보하는 듯한 행동을 보이며 타협안을 제시해야 한다.

당신의 미소로 자신에게 적의가 없다는 것을 알아차린 상대는 합의해 줄 가능성이 크다. 여기에는 이쪽에서 양보하고 있다는 것을 적극적으로 드러내는 것이 중요하다. 상대는 이를 알고 자연스럽게 균형을 맞추려고 한다. 처음부터 타협안을 준비해 두었다 해도 이 타이밍에 말하는 것이 핵심이다.

미완성된 말이 머릿속에 더 잘 남는다

거래처 담당자가 바쁘면, 아무리 열심히 영업해도 이야기 내용조차 기억해 주지 못할 때가 많다. 자신의 말을 상대가 기억할 수 있는 효과적인 방법은 이야기를 완전히 끝내지 말고 조금 남겨둔 채 끝내는 것이다. 어중간하게 두면 이야기를 완결시키는 것보다 오히려 기억에 잘 남는다.

이것을 '제이가르니크 효과(Zeigarnik effect)'라 한다. 사람은 어떤 목표를 달성하고자 할 때는 긴장감이 지속해 더 잘 기억하게 되지만, 목표를 달성하고 나면 긴장감이 풀려 망각하기 시작한다. 따라서 이 방법은 실체를 끝까지 밝히고 싶어 하는 인간의 본능을 이용한 것이다.

예를 들면, 이야기가 종반으로 접어든 지점에서 "이 부분에 대해서는 현재 내부적으로 검토하고 있습니다. 오늘 자세한 말씀을 드리기는 어렵지만, 다음에 꼭 한 번 시간을 내주십시오" 혹은 "죄송하지만, 오늘은 이쯤에서 간단히 말을 마치겠습니다" 하고 중간에 말을 끊는다. 같은 사람을 상대로 몇 번이고 사용할 수는 없겠지만, 좀처럼 기억해 주지 않는 사람에게는 사용하면 효과를 볼 수 있을 것이다.

상대가 부탁을 거절하지 못하게 만드는 기술

상대가 자신의 부탁을 들어주게 하기 위해서는 그 사람에게 '이런 사람이다'라는 평가의 레테르(letter)를 붙이면 효과가 있다. '성실하다', '친절하다' 등 한 번 레테르를 붙이면 그 레테르를 배반할 수 없어 그에 맞는 행동을 하게 된다.

예를 들어, 거래처 사람에게 "성격이 호탕하시군요"라고 하면 원래 그런 성격이 아니어도 그런 사람인 것처럼 행동해야 하는 부담을 느낀다. 이때 누군가 어떤 부탁을 해 오면 거절했을 때 인색하게 보일까 봐 레테르에 반하는 행동을 하기 어려워진다.

이 같은 레테르 붙이기 효과는 상사나 부하에게도 사용할 수 있다. 부하에게 급한 일을 시키고 싶을 때 "자네는 솜씨 좋게 일도 신속하게 잘하더군" 하고 레테르를 붙이는 것이다. 행여나 일의 속도가 느린 사람이라도 이 말을 들으면 서두르지 않을 수 없게 된다.

반대로, 상사에게는 '결단력이 있고 믿음직스럽다'는 레테르를 붙여 두면 빠른 결정이 필요할 때 우물쭈물하지 않고 결단을 내려 줄 것이다.

레테르를 붙일 때는 몇 번이고 같은 말을 반복해 레테르를 떼기 어렵게 할 수 있음을 참고하면 더욱 적절히 사용할 수 있다.

상사의 예정보다 하루 빨리
일을 끝내라

　상사에게 자신의 능력을 유능하게 각인시키고 싶다면 부탁받은 일을 예정보다 하루 빨리 끝내는 방법이 있다.

　예를 들어 상사가 5일까지 완성해 달라는 서류를 하루 빠른 4일에 완성해 제출하는 것이다. 상사는 당신에게 일을 맡기기 전에 5일 정도면 충분하다고 계산하고 지시를 내렸을 것이다. 그런데 자신의 예상보다 빨리 마무리 지으면 일을 잘한다고 생각한다.

　단, 그것이 예정보다 하루 빨라서 효과적이라는 사실을 명심해야 한다. 무조건 빠른 것이 좋다는 생각에 3일째 날 서류를 제출하면 성실하지 못하게 일을 처리했다는 평가를 받을 수 있다. 내용이 흠잡을 데 없이 완벽하면 좋지만 사소한 실수라도 발견되면 모든 원인이 서둘러 해서라고 생각하는 것이다.

　또한, 예상보다 지나치게 빨리 완성물을 가져오면 내용을 의심하게 되고 평소보다 더욱 꼼꼼하게 점검하게 된다. 결과적으로 서둘러서 대충했다는 인상을 주어 역효과를 낳는다. 자신의 능력을 유능하게 각인시키려면 적당한 타이밍에 완성물을 내야 한다.

자신의 의견을
쉽게 통과시키는 순간

　회의에서 의견을 관철하고 싶을 때 의욕이 앞서 가장 먼저 발언하는 사람이 있다. 만약 그렇다면 그는 의견을 내는 속도를 조절해야 한다.
　왜냐하면, 최초의 발언에는 반대 의견이 나오기 쉽고 다른 사람들에게 받아들여지기도 어렵다.
　그러면 회의 중간에 발언하는 것이 좋을까? 하지만 의외로 그렇지도 않다. 여러 의견이 어지러이 오가는 분위기 속에서는 다른 의견에 묻혀 버릴 수도 있다.
　가장 좋은 타이밍은 회의가 끝나갈 때이다. 가장 마지막 순간에 발언하면 자신의 의견을 관철할 가능성이 크다.
　사람은 마지막에 접하는 정보에 쉽게 좌우된다. 처음과 중간에 듣는 정보는 점점 그 인상이 약해지지만, 마지막에 나온 정보는 받아들이는 쪽에 강한 인상을 남긴다.
　참고로 그때까지 나온 주요 의견을 메모해 두었다가 자신의 의견을 말할 때 조금씩 언급해 주면 반론도 줄어든다. 회의가 끝날 즈음에는 나올 만한 의견은 전부 나와 있을 테고, 새로운 의견이 나온다고 해도 없어지는 것은 아니다. 이 방법을 이용해 회의의 마지막을 장식하고 자신의 의견을 받아들이게 할 수 있다.

펜으로 상대의 주의를 집중시켜라

 누군가를 설득하고 싶다면 그 사람의 눈을 보고 이야기하는 것이 기본이다. 그러나 가령 프레젠테이션 자료나 팸플릿을 보여 주면서 이야기할 때는 상대의 시선이 아래를 향하게 되기 때문에 눈을 마주치기가 어렵다.

 이럴 때는 펜으로 자료에서 강조하고 싶은 부분에 상대의 시선을 집중시키고 중간중간 눈을 맞추면서 이야기하는 방법이 좋다. 우선, 상대가 주목해 주길 바라는 곳을 펜으로 덧그리거나 동그라미를 그리며 설명하는 것이다.

 그러면 상대는 눈으로 펜 끝의 움직임을 쫓는다. 그러다 적당한 타이밍에 천천히 펜을 들어 올리면 상대도 따라서 고개를 든다. 그대로 펜을 자신의 얼굴 가까이 가져가면 자연히 상대의 시선도 당신의 얼굴로 향할 테고 서로의 시선이 마주치게 된다.

 이 방법을 사용하면 자료에도 당신의 이야기에도 상대의 주의를 집중시킬 수 있다. 이렇게 몇 번이고 시선을 마주하면 설득하기도 훨씬 수월해질 것이다.

사람에 따라
다른 설득하기 좋은 시간대

　사람마다 집중력을 발휘하는 시간이 다르다. 오전에 집중력을 발휘하는 아침형 사람이 있고 오후가 되어서야 활동하는 저녁형 사람이 있다. 만약 당신의 거래처 사람이 아침형 사람이라면 미팅을 늦은 오후 시간으로 잡는 것이 좋다. 가능하다면 영업이 끝나기 직전 시간이 가장 좋다.
　심리학에 '해 질 녘 효과'라는 것이 있다. 사람의 몸은 저녁이 되면 몸과 마음이 지쳐 쉽게 피로를 느낀다. 특히 아침형 사람은 이때 신경이 예민해지고 생각도 잘 정리되지 않는다. 그래서 해 질 무렵에 아침형 사람과 미팅을 하면 그의 사고력이 둔해진 때라 설득하기가 쉽다.
　때에 따라서는 계약 성사까지 가지 못했던 것도 의외로 쉽게 계약을 성사시킬 수도 있다.
　반대로 상대가 저녁형 사람이라면 해 질 녘 효과는 기대하기 어렵다. 이 방법은 먼저 상대가 어떤 유형인지를 파악하는 것이 핵심이다. 상대에 따라 설득하기 좋은 시간대를 맞추어 설득에 나서야 효과가 좋다.

상대를 혼낼 때 '대체 왜 그러니?' 라는 화법은 좋지 않다

　자녀가 방을 정리하지 않을 때나 일찍 잠자리에 들지 않을 때 부모는 자녀에게 규칙적인 생활 습관을 들이고 싶은 마음에 꾸중한다. 이때 '대체 왜 그러니?', '어째서 늘 그 모양이니?'와 같은 야단은 효과적이지 않다. 특히 사춘기 자녀일 경우, "알아서 할 테니 내버려 두세요!" 하고 반박하기에 십상이다.

　화낼 때는 무엇이 잘못되었는지 어떻게 나아지길 바라는지 전달해야 한다. 그러나 아이의 잘못에 대한 감정이 막연하게 표현되어 '대체 왜 그러니?' 하면 문제의 초점이 흐려진다.

　직장에서 사소한 실수를 연발하는 부하 직원에게 "어째 항상 이러나, 자네는!" 하고 덮어놓고 화부터 내는 상사도 마찬가지다. 이 경우도 분노가 더할수록 무엇을 원하는지, 어느 점이 문제인지 전달하지 못하고 자신의 의도를 잃어버리고 만다.

　만약, 당신이 이런 유형의 상사라면 '자네가 집중하지 못해 생긴 실수로 다른 사람의 일도 늦어진다'처럼 구체적으로 말하는 습관을 들이도록 하자.

전화로 하는 대화에서
쉽게 오해가 생기는 이유

　의사 전달을 할 때 사람들은 직접 만나 이야기하기도 하지만 전화로도 많은 대화를 주고받는다. 특히 비즈니스에서 전화로 하는 대화는 빼놓을 수 없다. 그러나 종종 전화 탓에 오해나 착각이 생긴다. 자신은 분명 제대로 뜻을 전달했다고 생각하는데 상대방이 오해하고 있는 경험을 누구나 했을 것이다.

　사람은 누군가와 이야기할 때, 언어 외에도 표정과 목소리와 같은 비언어로 자신의 감정을 전한다. 그런데 감정에는 표정으로 전해지는 것과 목소리로 전해지는 것이 있다.

　감정이 전달되는 방법에 대한 심리학자 레빗의 실험 결과에 따르면 기쁨, 불쾌, 분노는 목소리가 없어도 표정과 몸짓으로 전달할 수 있음을 알 수 있다.

　한편, 얼굴이 보이지 않아도 목소리만으로도 충분히 전달되는 감정도 있다. 대표적인 것이 두려움이다. 목소리만으로도 두려움을 느끼는 것이 상대방에게 전달되는 것이다.

　그러니 긍정적인 이야기를 하고자 할 때 전화로 이야기하는 것은 좋은 방법이 아니다. 좋은 소식을 전하거나 긍정적인 이야기는 그 사람과 만나 얼굴을 마주하고 이야기하는 편이 더욱 잘 전달된다.

용건만 전하는 것이라면 전화상으로라도 가능하다. 하지만 계약 성사 여부를 가르는 중요한 때라면 직접 만나 이야기하는 것이 좋다.

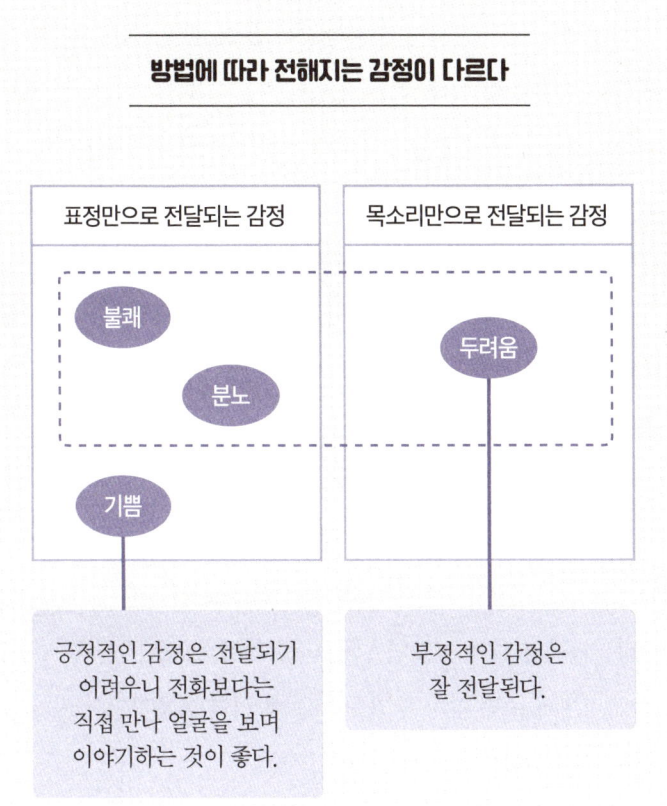

옛날을 그리워하는 상사를 치켜세워라

술자리에서 상사가 지금보다 옛날이 좋다고 말하며 지난 시절을 그리워할 때가 종종 있다. 이는 스스로 자신감을 잃어 간다는 증거이다. 아마도 일이 잘되지 않거나 시대와 환경의 변화에 적응하지 못해 힘들어하고 있을 것이다. 그래서 자신이 가장 빛났던 때를 이야기함으로써 불안한 심리를 부정하려는 것이다.

이런 상사는 통솔력이 흔들리며 자신감도 잃어 조직 전체의 사기를 떨어뜨려 일의 효율과 생산성 저하를 불러올 수도 있다. 아무리 노력해도 제대로 평가해 주지 않으니 부하로서도 불만이 쌓일 것이다. 이럴 때는 어떻게 해야 좋을까?

이런 상사는 무조건 치켜세워 주는 방법이 좋다. 장점을 찾아 적극적으로 칭찬해 주는 것이다. '부장님 덕분에 여기까지 올 수 있었습니다', '과장님 밑에 있으면 일을 더욱 적극적으로 하는 것 같아요' 하고 치켜세워 주면 상사는 자신의 존재 의의를 재확인하고 자신감을 회복할 수 있다.

상사의 불합리한 지시를
피하는 방법

　사회생활을 하다 보면 남의 상황을 전혀 배려하지 않는 난폭한 상사를 만나게 될 때가 있다. 상사의 명령이니 따를 수밖에 없다고 생각하면서도 도저히 불가능한 지시를 할 때는 난감하기 그지없다. 이런 상사의 명령을 피하거나 합리적으로 수정하기 위해서는 어떻게 하면 좋을까?

　이럴 때는 여러 명이 모여 함께 가는 것이 중요하다. 직장에서 상사의 권위는 절대적이라 1:1로 상대하면 말을 꺼내기 힘들지만 여럿이 함께라면 훨씬 말하기 쉽다.

　또한, 되도록 상사에게 가까이 다가가 이야기하는 것이 좋다. 거리가 좁혀지면 상사는 부하에게 더욱 친근감을 느낀다. 하지만 이쪽에서 상사에 대한 위압감이 더 잘 느껴져 말을 꺼내기 어려워진다는 단점도 있다.

　상사에 대한 위압감 때문에 전화나 메일을 통해 반론한다면 역효과를 낼 수 있다. 상대의 얼굴을 볼 수 없는 만큼 상사도 냉정하게 반론할 수 있다. 상사에게 불만이 있을 때는 여럿이 직접 찾아가 이야기를 나누는 방법이 가장 좋다.

상품에 대해 좋은 이미지를 심어 주는 방법

거래를 성사시키고 싶다면 상대의 심층 심리를 자극해 상품에 대한 좋은 이미지를 심어 주는 것이 중요하다. 사람은 무언가를 손에 넣고 싶어 할 때, 단순히 물건 자체가 갖고 싶은 욕구보다 그 물건을 손에 넣었을 때 자신의 모습을 상상하며 도달하려는 욕구가 더 강하다.

예를 들어, 한 여성 모델이 멋진 자동차를 설명하는 광고는 그 차를 구매한 남성이 멋져 보일뿐더러 모델처럼 매력적인 여성과 함께 차를 탈 수 있을 것이라는 착각에 빠지게 한다. 여자들에게 인기 있는 남자가 되고 싶다는 욕망을 자극해 구매로 이어지게 하려는 전략이다.

마찬가지로 위와 같은 상황에서 거래처가 당신 회사의 시스템 구매를 검토 중이라면 경쟁 기업을 예로 들며 "□□사도 저희 시스템을 도입하고 나서 빠르게 성장했습니다"라고 해 보자. 그러면 '이걸 도입하면 □□사처럼 된다'는 생각이 들게 해 거래처를 자극하게 되고 거래를 성사시키기가 한결 쉽다.

화난 고객을 진정시키는 목소리

굉장히 화가 나 감정적인 고객을 상대할 때는 낮고 침착한 목소리로 대응해야 한다. 그러면 조금씩 그의 흥분을 누그러뜨릴 수 있다. 사람은 무의식적으로 상대의 목소리 톤에 자신의 목소리 톤을 맞추려고 한다.

흥분 상태에 있는 사람에게 동요되어 자신도 날카로운 목소리로 반응하면 그 사람의 흥분을 더욱 부추기고 나중에는 둘 다 격앙된 상태로 대화하느라 본질을 놓치고 말 것이다.

이럴 때는 낮은 음성으로 침착하고 정중하게 사과하면 상대는 조금이나마 감정을 누그러뜨리고 이쪽의 말을 들으려 한다.

119 같은 긴급 전화를 받는 사람도 너무 위급하거나 당황하여 무슨 말인지 알아들을 수 없는 말을 하는 신고자를 진정시키기 위해서 침착하고 낮은 목소리로 응대한다고 한다. 이 방법은 매우 화가 나 있는 상사에게도 쓸 수 있다. 큰 실수를 저질렀을 때 낮은 목소리로 사과하거나 설명하면 상사의 설교는 그다지 길어지지 않을 것이다.

언제나 상대보다 먼저 명함을 내미는 사람의 속마음

사회생활에서 최초로 그 사람의 인상을 결정하는 것은 명함 교환이다. 명함 교환을 통해 상대의 위치와 회사 분위기를 확인하는 과정을 밟는다. 갈수록 명함 교환이 생략되고 있지만 사실 명함 교환에도 엄격한 예절이 있고 순서에 어긋나면 상대에게 실례가 된다.

보통은 손아랫사람이 먼저 명함을 내미는 것이 예의이다. 일반적으로 방문자가 '실례합니다'라는 뜻을 담아 먼저 명함을 건넨다.

그러나 위아래 위치와 상관없이 언제나 먼저 명함을 건네는 사람이 있다. 이는 주도권을 쥐고 싶다는 심리의 작용이다. 먼저 명함을 건네는 것은 자신의 처지가 어떤 상황이든, 상대에게 예의 없이 행동했다는 기분을 느끼게 하는 심리 효과가 있다. 즉, 처음 만나는 사람에게 부담감을 주어 자신이 우위에 서고자 하는 계산이 숨어 있는 것이다.

주도권을 쥐기 위해 이런 사람과 다투면 관계만 나빠질 뿐이니 상대의 전략에 속아 주는 척 적당히 넘어가는 것이 상책이다.

능력 있는 영업 사원은
가장 중요한 순간에 눈을 내리뜬다

대화할 때 상대와 눈을 맞추지 않는 사람은 신용하기 어렵다. 대화할 때 눈을 피하는 상대는 떳떳하지 못하다는 인상을 주기 때문이다. 그렇다고 해서 상대에게서 눈을 떼지 않고 이야기하는 방법이 좋은 것은 아니다. 상대의 얼굴을 10초 이상 보는 것은 좋지 않다고 한다. 계속해서 상대의 눈을 보면 자기 생각을 억지로 밀어붙이려 한다는 인상을 주고 거부감이 들게 할 수 있다.

경험 많은 영업 사원은 고객과 대화를 하다가 중요한 순간이 되면 의도적으로 눈을 다른 곳으로 돌린다. 그리고 눈을 내리뜨고 속삭이듯이 말한다.

예를 들면, 이야기가 끝나갈 때 즈음 상대를 바라보던 눈을 내리뜨고 "실은 저도 사용하고 있습니다" 혹은 "결산기라 실적을 올려야 하거든요…"라고 혼잣말처럼 살짝 말을 흘린다. 그러면 그 말은 중요하다는 인상을 주어 설득하기 쉽다. 하지만 사기꾼들 역시 사람을 속일 때 이 방법을 쓰니 진실성이 전해지지 않으면 역효과를 초래할 수 있다.

| Chapter 04 |

나와 다른 이성의 마음을 얻는 법

화술에 뛰어나지 않다면
상대방을 따라 하라

한 커플이 테이블을 사이에 두고 대화하다 무의식적으로 똑같은 동작을 할 때가 있다. 남자가 의자에 기대면 여자도 기대고, 여자가 물수건에 손을 닦으면 남자도 똑같이 하는 것처럼 말이다. 옆에서 보고 있으면 마치 두 사람 중 한 명이 의식적으로 따라 하는 것처럼 보인다. 하지만 이는 심리학에서 '자세 반향'이라고 하는 행동으로 서로가 공감하는 화제로 분위기가 무르익었을 때 무의식적으로 서로의 자세가 일치하는 것이다.

이야기가 무르익어 갈 때 상대가 당신과 같은 행동을 한다면 그는 당신에게 호감을 느끼고 있으며 대화가 잘 진행되고 있다고 볼 수 있다.

자신이 적당한 화젯거리도 없고 말주변도 없는 사람이라면 상대의 이야기에 맞장구쳐 주며 적당한 타이밍에 상대의 행동을 따라 하면 분위기를 부드럽게 만들 수 있다. 또한, 상대에게 마음이 잘 맞고 대화가 통하는 사람이라는 느낌이 들 수 있다.

만나자마자 여자 친구의 옷을 칭찬하는 이유

　남자 친구가 만나자마자 오늘 옷이 예쁘다고 칭찬을 한다면 별로 데이트를 하고 싶은 기분이 아닐 수도 있다. 좋아하는 사람을 만나 기분이 들떠 있을 때는 굳이 무언가를 생각하려 하지 않아도 이야기가 끊임없이 이어져 그 사람과의 대화가 즐겁기만 한 법이다.

　그런데 만나자마자 옷차림을 칭찬하는 것은 눈에 보이는 것을 화제로 삼아 대화를 시작하려는 심리 작용이다. 그리고 칭찬이라는 긍정적인 행동을 함으로써 자신의 기분도 밝게 하려는 것이다.

　아무리 사랑하는 사이라 해도 매일 만나면 흥이 나지 않을 때도 있을 것이다. 그러니 만약 애인이 옷이나 헤어스타일 등을 칭찬하면 깊이 파고 들어가지 말고 가볍게 듣고 넘어가 준 후 두 사람 다 즐거워할 수 있는 화제를 찾는 것이 좋다.

　하지만 단순히 '좋다'는 의견이 아니라 연인이 평소와 확연히 다른 옷차림이나 헤어스타일을 하고 나왔을 때는 그 변화를 칭찬해 주지 않으면 기분을 상할 수 있으니 이 점에 대해서는 말해야 한다.

속마음을 털어놓게 하는
가벼운 터치

오래된 연인에게는 권태기가 찾아온다. 평소보다 연락 횟수가 줄거나 만나도 전처럼 말을 많이 하지 않는다면 애정이 식은 건 아닌지, 새로운 사람이 생긴 건 아닌지 의심하게 된다. 결정적인 증거는 없지만, 의심이 든다면 상대방의 어깨에 손을 올리거나 팔을 부드럽게 잡으며 대화를 시작하면 의외로 쉽게 고민이나 속마음에 대해 들을 수 있다.

상대의 몸을 가볍게 만지는 행위는 친근감을 공유하거나 상대의 관심을 끌 수 있는 심리 효과가 있어서 성별과 관계없이 속마음을 터놓고 이야기하고 싶을 때 시도할 수 있다. 이때의 핵심은 부드럽게 만지는 것이다.

상대의 어깨를 툭툭 치듯이 하면 위압적인 분위기를 만들 수 있어 부드럽게 팔 등을 만지는 것이 좋다.

물론 상대에게 터치할 때는 그 사람과의 친밀도를 고려해야 한다. 자신보다 윗사람이거나 알게 된 지 얼마 되지 않은 사람에게 친근하게 다가가면 부담을 느끼고 마음을 털어놓기를 거부할 수 있다.

미팅에서 마음에 드는 사람을 발견하면 테이블 모서리 쪽에 앉아라

미팅할 때 마음에 드는 사람을 발견하면 누구나 그 사람 가까이에 앉아 이야기를 나누고 싶어 한다. 그런데 이때, 어느 자리에 앉는가가 두 사람의 관계 발전에 큰 영향을 끼칠 수 있다. 앉는 자리를 잘못 선택하면 호감을 느꼈던 상대와의 첫 만남이 마지막 만남이 될 수도 있다.

처음 만난 자리에서는 마주 보고 앉는 것이 자신의 존재를 상대방에게 알릴 수 있을 것 같지만 계속해서 상대의 시선이 느껴지기 때문에 겉으로는 즐거워 보일지 몰라도 속으로는 부담과 경계심을 가질 수 있는 자리이다. 바로 옆자리에 앉으면 말할 때마다 고개를 돌려야 해서 신경이 쓰일 수 있다. 따라서 추천하는 자리는 테이블 모서리 쪽 자리이다. 그 각도에서는 상대의 시선이 직접 느껴지지도 않고 고개를 옆으로 돌리지 않아도 대화할 수 있어 부담이 없다.

실제로도 연인이 테이블에 앉을 때는 모서리를 끼고 앉는 경우가 많다고 한다. 따라서 이렇게 앉음으로써 서로의 친밀감을 높일 수 있다.

손으로 입술을 가리는
여성의 속마음

'오늘 밤 함께 있고 싶다'는 여성의 신호는 은근하여 알아차리기 쉽지 않다. 데이트할 때 직접 오늘 밤 함께하고 싶다는 말을 하고 싶지만, 그녀의 눈치를 살피는 남성도 많다.

혹시 여자 친구가 자신의 입가를 만지거나 입술을 가리는 듯한 몸짓을 한다면 그것은 오늘 밤 함께 있고 싶다는 뜻이니 말을 꺼내도 좋다.

사람에게 '입'은 외부에서 음식물이 들어오는 문인 동시에 몸의 욕구를 분출하는 문이기도 하다. 즉, 입술을 가리는 것은 자신 안의 욕구를 억누르려는 행위로 볼 수 있다.

이렇게 이성에 대한 욕망을 억압하려는 행위는 억압하지 않으면 안 되는 욕망이 있다는 뜻이니 연인의 신호를 알아채도록 해야 한다.

어떤 반려동물을 기르는지를 보면 알 수 있는 심리

요즘 혼자 사는 사람 중에 반려동물을 기르는 사람이 많다. 그중 골든 리트리버를 키우는 사람은 누군가에게 치유받고 싶다는 심리가 내재해 있을 수 있다.

골든 리트리버는 그 크기가 큰 개에 속하지만, 맹도견이나 인명 구조견으로 길러질 만큼 성격이 온순하다. 그리고 필요 이상으로 짖지 않고, 주인이 집에서 돌아오면 스스럼없이 달려들어 기쁨을 표현하는 등 순수하고 어리광을 부리는 면도 있다.

따라서 골든 리트리버를 키우면 반려동물이 가진 귀엽고 사랑스러운 매력에 더해 상냥함과 따뜻함을 얻을 수 있다. 일상에서 스트레스를 받거나 외로움에 시달리는 여성이 골든 리트리버를 키운다면 사람을 감싸는 따뜻함에 치유받고 싶어 하는 것이다.

이와 반대로 작은 동물을 키움으로써 자신이 무언가를 책임지고 있다는 기분을 느끼고 싶어 하는 사람도 있다.

반려동물과 함께 사는 사람 중 친구나 연인보다 반려동물을 중요하게 생각하는 사람이 있다. 자신의 연인이 이런 사람이라면 서운해하거나 신경질적으로 받아들이지 말고 더욱 다정하게 다가가서 애정을 주는 것이 좋다.

마음에 드는 이성과 식사할 때 같은 음식을 주문하라

사람이 느끼는 오감 중 시각과 청각은 다른 사람과 공유할 수 있다. 같은 방향으로 시선을 돌렸을 때 눈에 보이는 것이 비슷하듯이 소리나 음성 또한 내가 느끼는 것과 상대방이 느끼는 것의 차이는 없다.

하지만 미각은 사람에 따라 받아들이는 방식이나 느끼는 방식이 전혀 다르다. 따라서 호감을 느끼는 이성과 식사할 때는 같은 음식을 주문하여 공감대를 형성하는 것이 좋다.

같은 음식을 먹고 똑같이 맛있다고 느낀다면 다른 것에도 공감대를 형성할 가능성이 크다. 서로 다른 일을 하거나 환경이 다르거나 취향이 달라도 미각이 비슷하면 상대방을 편안하게 느낀다.

혹시 마음에 드는 이성과 식사할 기회가 생기면 같은 음식을 시켜서 공감대를 형성하라. 두 사람 다 음식이 맛있다고 느끼거나 맛없다고 느끼면 그것을 계기로 더욱 많은 공감대를 형성할 수 있을지도 모른다.

고백할 때는 다리 위에서 하라

놀이동산은 연인들의 데이트 장소로 빠질 수 없다. 특히, 평소 호감을 느꼈거나 고백하기 전 단계의 여성과 더욱 가까워지고 싶을 때는 귀신의 집처럼 공포를 유발하거나 롤러코스터처럼 짜릿한 체험을 할 수 있는 곳이 좋다.

사람은 공포나 불안을 느끼면 무의식적으로 누군가에게 의지하려 하고 함께 있으려는 욕구를 느낀다. 그리고 공포가 더욱 높아지면 성적인 흥분이나 설렘으로 착각하는 때도 있다.

흔들리는 다리와 흔들림이 없는 다리 위에서 헌팅할 때 흔들리는 다리 쪽이 더 성공할 확률이 높았다고 한다. 이 또한 공포나 긴장을 설렘으로 착각한 결과이다.

또 불안과 공포를 유발하는 장소에서는 곁에 있는 사람이 실제보다 믿음직스럽고 성적으로도 매력 있어 보인다.

따라서 호감이 가는 여성과 가까워지고 싶을 때는 귀신의 집 같은 곳에 꼭 가는 것이 좋다. 자신 역시 그런 곳이 무서워도 그 순간은 강한 척하며 믿음직스러운 사람처럼 보일 필요가 있다. 그러면 그녀와의 관계가 한결 더 가까워질 것이다.

친밀한 분위기를
조성하는 최적의 조명

연인과 데이트할 때 평소보다 더욱 사랑스럽고 친밀한 분위기를 만들고 싶다면 따뜻한 느낌의 조명과 실내장식이 있는 레스토랑이나 바가 좋다.

차가운 색보다 따뜻한 색 계열이 마음을 편안하게 하고 친밀한 분위기를 연출하기 쉽기 때문이다.

러브호텔의 커튼이 빨간색이나 분홍색이 많은 것도 이러한 이유에서이다. 아직 본격적으로 연애하기 전인 여성과 데이트를 한다면 식사할 때 난색 계열의 조명과 인테리어로 장식한 가게를 찾는 것이 좋다.

자신의 방에 초대할 기회가 생긴다면 조명을 백열등으로, 커튼은 옅은 주황색으로 바꾸는 등, 따뜻한 색 계열로 변화를 주어라. 색에 너무 의식하여 과하게 난색 계열을 사용하면 남자의 방답지 않고 전 여자 친구의 취향이 아닌가 하는 엉뚱한 오해를 살 수도 있으니 주의해야 한다.

사람의 마음은 색에 영향을 받는다

따뜻한 색 계열	차가운 색 계열
빨간색 분홍색 오렌지 색노란색	파랑색 녹색 보라색
↑	↑
마음이 편해진다.	감정을 가라앉힌다.

상대방의 손을 잡고 이야기하라

이제 막 데뷔한 아이돌이나 선거를 앞둔 후보자들이 밝게 웃는 얼굴로 팬이나 지지자들에게 악수나 포옹하는 모습은 흔히 볼 수 있다.

일상생활에서도 비슷한 예를 볼 수 있다. 데이트 중에 받고 싶은 선물이 생겼을 때, 무의식적으로 연인의 손을 잡고서 물건을 고르고 있는 자신을 발견한 적 없었는가. 이는 상대방에게 '물건을 고른다'는 행위에 집중하게 하려는 무의식적인 행동이다.

이는 심리학적으로 이유가 있다. 남에게 부탁하고 싶은 것이 있거나 누군가에게 무언가를 얻으려 할 때 자기도 모르게 상대의 손을 잡거나 가볍게 몸을 만지는 것은, 상대의 마음을 자신에게 향하게 하려는 심리에서 나온 행동이다.

실제로 가볍게 상대의 몸을 만지면서 부탁할 때 이것이 성공할 확률이 높다. 가벼운 스킨십은 친밀감의 표현으로 상대 역시 부탁을 거부감 없이 받아들인다. 그러니 연인과 아침까지 함께하고 싶을 때는 줄곧 상대방의 손을 잡고 있는 것이 효과적이다. 그리고 대담하게 여행 가자고 말할 때도 손을 만지거나 어깨를 맞닿은 채로 이야기를 꺼내는 방법도 좋다. 어떤 터치 없이 이야기할 때보다 긍정적인 답을 들을 가능성이 크다.

상대방이 어느 자리에 앉는지를 보고 호감을 파악한다

아직 사귀기 전인 남녀가 술집에 들어갔을 때, 상대가 서로 마주 보는 테이블 자리와 나란히 앉는 카운터 자리 중 어느 자리에 앉는가를 보면 자신에게 가진 호감의 정도를 어느 정도 알 수 있다.

테이블을 사이에 두고 앉으려 한다면 상대에게 일정한 거리를 두고 싶거나, 별 관심이 없다는 뜻이다. 그러나 카운터 자리에 앉으려 한다면 상대에게 마음이 있다는 뜻이다.

이 같은 행동은 호감 있는 사람과 가까이 있고 싶다는 무의식적인 판단에 의한 것으로 카운터 자리는 신체 접촉이 자연스러우며 연인처럼 친밀하게 앉아 대화를 나눌 수 있다.

가게에서 우연한 기회에 누군가를 알게 되어 친해지는 경우도 옆 테이블 자리에 앉은 사람보다 카운터 옆자리에 앉아 있던 사람인 경우가 많다.

만약, 유혹하고 싶은 이성이 있다면 카운터 자리에 앉아 심리적 거리를 좁히는 것도 좋은 방법이다.

여성이 망설일 때 대처법

여럿이 함께 식사하러 가면 좀처럼 결정을 내리지 못하는 우유부단한 사람이 한두 명씩 꼭 있다. '어떡하지?' 하고 몇 번이고 혼잣말하며 좀처럼 메뉴를 고르지 못해 고민하다가 결국에는 다른 사람과 같은 것을 주문한다.

실은 이 '어떡하지?'라는 말에는 정말로 어떻게 하면 좋을지 고민하는 것보다 누군가 결정해 주었으면 좋겠다는 바람과 남에게 의지하려는 마음이 감추어져 있다.

만일 여자 친구와 칵테일을 마시러 갔는데 좀처럼 결정하지 못하고 '어떡하지?'를 연신 되뇐다면 단순하게 좋아하는 걸 고르라거나 취향대로 마시라는 이야기는 좋지 않다.

그녀가 좋아할 만한 칵테일을 몇 가지 골라서 "이건 어때?" 하고 선택지를 주고 마지막 결정을 그녀가 할 수 있도록 해야 한다. 그녀는 자신이 결정했다는 만족감을 얻으면서 자신을 배려한 남자 친구의 행동에 기뻐할 것이다.

옷차림으로 심리를 유추하다

속옷이 밖으로 드러나 보일 만큼 노출이 심한 옷을 입고 당당히 거리를 활보하는 여성을 가끔 볼 수 있다. 남자들의 눈을 의식해 일부러 도발하는 것처럼 보이지만 실은 그렇지 않다.

많은 여성이 멋을 부리거나 다이어트를 하는 이유는 남자들에게 인기를 얻기 위해서가 아닌 자신의 욕구를 만족하게 하기 위한 것이다.

따라서 여성이 파격적인 옷차림을 하였다고 해서 말 몇 마디에 쉽게 넘어갈 것이라 단정 지으면 큰일이다. 그녀들은 남자들에게 관심받기 위해 노출하는 것이 아니라 자신의 패션을 완성하기 위해 멋을 내는 것이다.

말을 걸어 보고 싶다면 지나친 노출에 조금은 유행이 지난 옷으로 멋을 낸 여성을 노리는 것이 유리하다. 이런 여성들은 자신의 개성보다는 남을 따라 옷을 입었거나 남자들의 시선을 의식한 옷차림일 가능성이 크기 때문이다.

화장이 진한 여성의
자기중심주의

　최근 여성들의 화장은 그 기술이 발전하고 점점 짙어지고 있으며 화장하는 연령대도 낮아지고 있다. 자연스러운 화장보다 화려한 화장, 자신에게 어울리는 화장보다 유행을 따른 화장, 때와 장소에 어울리지 않는 화장을 하는 사람은 자신의 이익과 생각을 최우선으로 여기는 유형이 많다.

　여성에게 화장은 몸가짐이면서 예쁘게 보이고 싶다는 욕구의 표현이다. 그런데 필요 이상으로 화장을 두껍게 하거나 때와 장소에 맞지 않는 화장을 하는 행동은 자신의 모습이 다른 사람들에게 어떻게 보이는지 전혀 관심이 없다는 뜻이다. 즉, 자기만 만족하면 된다는 욕구의 표현이다.

　화장도 때와 장소를 가려야 하며 이것은 기본적인 예의이다. 그러나 그 예의를 무시하는 것은 자기중심으로 모든 걸 생각하는 것이다. 이런 유형의 여성에게는 조언해 주어도 받아들이려 하지 않는 경우가 많다. 따라서 이런 여성과 대화할 때는 비판보다는 인내를 갖고 부드러운 화법으로 대화하는 것이 좋다.

기다리는 모습으로 알아채는 호감도

 스마트폰이 보편화된 시대에 데이트하기로 한 상대가 나오지 않는다고 몇 시간이고 기다리는 일은 없다. 하지만 약속 시간이 지났는데도 기다리는 사람의 모습이 보이지 않거나 약속에 늦는 사람을 기다릴 때는 안절부절못할 때가 많다.

 만약, 서로 알게 된 지 얼마 되지 않은 여성과 약속이 생겼다면 당신을 기다리는 그녀의 모습을 멀리서 관찰하자. 그녀가 당신에게 마음이 있는지 없는지를 알 수 있다. 그녀가 약속 시간이 지났는데도 꼼짝 않고 기다린다면 당신에게 관심이 있다는 뜻이다. 돌아갈 기미가 보이지 않고 지그시 기다린다면 더더욱 그렇다.

 여성은 빨리 만나고 싶다는 마음을 직접 표현하지 않고 숨기려 하는 경향이 있다. 실은 한시라도 빨리 만나고 싶어 주위를 두리번거리거나 주변을 서성이며 그의 모습을 찾아보고 싶지만, 그 마음을 들킬까 태연한 척하며 가만히 서서 기다리는 것이다.

발끝이 어디를 향했는지로
보는 상대의 마음

 분위기가 화기애애한 미팅 자리에서는 다들 즐겁게 떠들고 있지만, 속으로는 서로의 마음이 누구를 향해 있는지 신경을 쓰고 있다. 이때 누가 누구에게 마음이 있는지 아는 방법이 있다. 테이블 밑에 감추어진 발끝을 보는 것이다. 사람의 발은 자연스럽게 호감이 가는 사람을 향한다.

 예를 들면, 어떤 여자가 오른쪽에 있는 남자에게 고개를 돌리고 대화하고 있다 해도 발끝이 왼쪽을 향해 있다면 실은 왼쪽에 있는 남자와 이야기를 나누고 싶어 한다는 뜻이다. 만일, 자신이 왼쪽에 있는 남자라면 적당한 기회를 노려 말을 걸면 기뻐할 것이다.

 반대로 얼굴은 이쪽을 향해 있어도 발끝이 다른 남자를 향해 있다면, 그녀의 마음은 다른 사람에게 가 있는 것이니 다른 사람을 찾거나 다른 이미지를 줄 수 있도록 노력해야 한다.

나약한 모습을
연출하는 효과

　여자의 마음을 사로잡고 싶다면 가끔은 약한 모습을 보여 주는 것도 효과적이다. 언제나 약한 모습을 보여 실망을 안겨 준다면 그녀의 호감을 얻을 수 없지만 가끔이라면 효과가 있다.

　언제나 믿음직스럽고 남자답던 사람이 간혹 약한 모습을 보이면 보호 본능을 자극하는 법이다. 늘 일을 척척 해내는 동료 남자 직원이 지난번 프로젝트가 잘되지 않았다고 힘들다고 슬쩍 고민을 털어놓거나 일이 끝나고 집에 돌아갔을 때의 외로움을 말하며 속마음을 살짝 비치면, 자신에게만 그런 모습을 보여 준다는 생각과 상대가 의지하고 있다는 기분에 자신의 필요성을 강하게 인식한다.

　그가 마음을 연 상대가 자신이라는 사실이 여자의 자존심을 고양하고 보호 본능을 깨우는 것이다.

　이때 주의해야 할 것은 평소 보이지 않던 나약한 모습이라서 효과가 있다는 점이다. 너무 자주 그런 모습을 보이면 한심한 남자로 보이니 주의해야 한다.

남성을 애태우는
여성의 심리

　마음에 드는 여성에게 첫 데이트 신청할 때는 용기가 필요하다. 그녀가 자신에게 관심이 있다는 확신이 있고 대화를 나누면 자연스럽게 통한다는 생각도 들지만, 막상 데이트 신청하면 좀처럼 승낙해 주지 않아 고민에 빠지는 사람이 많을 것이다. 하지만 여성이 확답을 주지 않고 두세 번 대답을 피했다고 해서 바로 포기해서는 안 된다. 여성의 마음은 남성의 마음보다 복잡하고 미묘한 법이다.

　이렇게 남성을 애태우는 이유는 데이트 신청을 받았다고 바로 승낙하면 자신을 쉽게 볼 거라고 생각하고 자신의 가치가 떨어지지 않을까 걱정하기 때문이다.

　남성은 기본적으로 정복욕이 있어 쉽게 손에 넣은 것보다 어렵게 손에 넣은 것을 가치 있게 생각한다. 여성은 이를 역이용해 상대를 애태우게 하여 자신의 가치를 높이려는 것이다.

　따라서 몇 번 거절당했다 해도 포기하거나 실망하지 않아도 된다. 하지만 세 번 이상 거절할 경우 정말 마음이 없으니 이를 정확히 파악하고 데이트 신청을 해야 한다.

음식을 혼자 멋대로 주문하면 호감이 없다는 뜻

 단둘이 레스토랑에 갔을 때, 메뉴를 보자마자 고민하지 않고 바로 주문하는 상대와는 이루어지기 힘들다고 보는 것이 좋다. 음식을 주문할 때는 상대를 의식해서 취향이나 의사를 묻는 것이 보통이다. 또한, 그 음식에 대해 이것저것 신경 쓰기 마련이다.

 예를 들어, 양이 많은 음식을 주문해서 대식가로 오해받거나 먹기 힘든 음식을 시켜서 예의 없어 보일까 걱정한다.

 또한, 상대에게 호감이 있다면 무엇이 먹고 싶으냐고 물음으로써 함께 메뉴를 결정하는 즐거움을 느낀다. 그런데 대화를 즐기지도 않고 아무 고민도 없이 자신이 음식을 주문하는 것은 상대를 의식하고 있지 않기 때문이다.

 이때 각자 자기 음식만 주문하는 상황이라면 어느 정도 희망이 있지만 주문한 음식을 둘이 나누어 먹는 경우 이런 행동을 취한다면 호감이 없다고 봐야 한다.

데이트 중 '재미있는 거 없어?' 라는 말을 주의하라

　데이트 중에 한 사람이 '재미있는 거 없어?' 하고 묻는다면 그 커플은 함께 있어도 즐겁지 않는다는 뜻이다. 권태기이거나 끝을 향해 가는 중인지도 모른다.

　진심으로 서로 사랑하고 있다면 데이트는 무엇보다 행복하고 소중한 시간이다. 추억을 만들고 일상을 공유하는 시간인 것이다. 그런데 이때 '재미있는 거 없어?'라는 말로 다른 재미를 찾는다는 것은 현재의 데이트가 재미없고 상대에게 따분함을 느낀다는 뜻이다.

　이런 질문을 받았을 때 가볍게 듣고 넘기면 상대의 지루함과 따분함은 더욱 심해진다. 데이트를 즐기고 싶은 마음이 들지 않는다. 함께 재미를 느낄 수 있는 요소를 찾고 상대가 어떤 점에 권태로움을 느끼는지 살펴야 한다.

눈빛으로 호감을 알아차린다

눈은 그 사람의 감정과 생각을 말한다. 하지만 웃을 때나 화났을 때, 얼굴 전체 표정을 보고 상대방의 감정을 보려는 사람은 있지만, 눈동자까지 주의해서 보는 사람은 드물다.

잘 알다시피 동공은 눈에 들어오는 빛을 조절하는 조리개 역할을 한다. 따라서 빛의 양에 따라 크기가 변해 밝으면 작아지고 어두우면 커진다. 고양이의 눈을 상상하면 이해하기 쉬울 것이다. 하지만 동공의 크기는 빛뿐만 아니라, 그때의 심리 상태에 따라서도 달라진다.

미국 심리학자 에커드 헤스(Eckhard Hess)의 실험에 따르면, 남성은 여성의 나체 사진을 보았을 때, 여성은 남성의 알몸이나 아기를 안고 있는 엄마의 사진을 보았을 때 동공이 커진다고 한다. 즉, 흥미나 관심을 끄는 대상을 보아도 동공이 커진다.

따라서 상대의 눈을 잘 보면 그 사람이 무엇에 관심이 있는지를 알 수 있다.

당신을 바라보는 상대의 동공이 커져 있다면 도전할 기회일지 모른다. 참고로, 눈썹이 아치 모양으로 올라가거나 눈을 크게 뜨는 것도 호감을 느끼고 있다는 증거이다. 냉담하게 행동해도 눈동자는 거짓말을 할 수 없는 법이다.

여성의 시선을 착각하지 마라

어떤 여성이 계속해서 자신을 쳐다본다고 기분 나빠할 남성은 없다. 오히려 관심 있던 그녀가 자신을 쳐다본다면 자신에게 호감이 있다고 착각하는 남성도 상당하다.

하지만 아직 좋아할 단계는 아니다. 여성은 남성보다 별다른 의미 없이 상대를 바라볼 때가 많다. 남성보다 여성이 상대와 시선을 맞추는 시간이 길다는 실험 결과도 그것을 뒷받침해 준다.

이는 여성이 협력과 의사소통을 중시하는 것과도 관계가 있다.

인간관계를 더 원활히 하기 위해 여성은 상대의 표정을 관찰해 그의 기분을 짐작하려 한다.

어떤 여성과 눈이 자주 마주친다고 해서 자신에게 호감이 있는 것이라 단순하게 받아들이면 뼈아프게 차일 수 있으니 주의해야 한다.

자꾸만 자신의 머리카락을
만지는 여성의 속마음은?

 손가락으로 머리카락을 말거나 상한 머리카락은 없는지 확인하는 등, 여성은 자기 머리카락을 잘 만진다. 두 사람이 함께한 술자리에서 상대 여성이 이런 행동을 한다면, 현재 외로움을 느끼는 상태라 생각해도 좋다. 사람은 외롭거나 불안할 때 자신을 안아 줄 상대가 없으면 스스로 몸을 감싸 안듯이 팔짱을 끼거나 어루만진다.
 자꾸 머리카락을 만지는 행동도 충족되지 않는 기분을 달래어 안도감을 얻으려는 것이다. 그렇다고 해서 당장 그녀의 외로움을 달래기 위해 섣불리 다가가서는 안 된다.
 만약, 그녀가 관심 있는 사람과 함께라면 외롭다는 생각도 하지 않을 것이고 상한 머리카락을 점검할 때 시선은 머리카락을 향해 있어 남자는 보지 않는다. 즉, 머리카락을 자꾸 만진다면 눈앞에 있는 남자는 안중에도 없다는 뜻이다.

상대가 줄담배를 피운다면
기분이 좋지 않다는 뜻

연인의 기분이 어떤지 재빨리 알아차리고 싶다면 담배를 얼마나 자주 피웠는지 보면 된다. 평소보다 많이 피운다면 기분이 좋지 않다는 뜻이다. 흡연자는 스트레스나 불안, 긴장감이 높아지면 무의식적으로 담배를 피워서 마음을 진정시키려 하기 때문이다.

따라서 흡연자가 피우는 담배 개비의 수는 그 사람의 현재 심리 상태를 나타내는 지표이다. 특히, 말없이 줄담배를 피우고 있다면 불안정하고 신경질적인 상태일 가능성이 크다. 불만을 겉으로 드러내지 않고 있지만 언제든지 화낼 수 있다. 이럴 때 연인의 건강을 걱정해서 많이 피우지 말라고 말해도 상대는 예민하게 받아들여 싸움으로 번질 수 있다.

연인이 평소보다 담배를 자주 피운다면 내버려 두거나 그가 평소에 좋아하는 곳을 찾거나 스트레스를 푸는 방법을 찾아야 한다.

혹시 상대가 기분이 상한 원인이 자신에게 있는 것 같다면 한발 양보해 사과하자. 무언가에 불만이 있었던 그도 수그러질 것이다. 만일, 피운 담배 개비 수가 눈에 띄게 준다면 기분이 풀렸다는 증거이다.

손으로 턱을 괴고 있을 때 심리 상태를 알기

데이트 중에 여성이 손으로 턱을 괴는 모습을 보고 지루해하고 있다고 오해하기 쉽다. 이때 다급하게 화제를 전환해 분위기를 띄우려 하거나 기분을 바꿔 주려고 하면 효과를 보기 힘들다. 여성이 턱을 괴는 행동은 지루하다는 표시만은 아니다.

외로움이나 불안을 느낄 때 자기 몸의 일부를 만짐으로써 허전한 마음을 채우려는 행위를 '자기 친밀 행동'이라 하는데 턱을 괴는 것도 그런 행동의 하나이다.

즉, 여성은 고민이 있거나 외로울 때 누군가에게 의지하고 싶어서 턱을 괴는 것이다. 이때는 이야기의 흥을 돋우려 해도 효과가 없다.

그보다는 그녀의 근황과 고민에 대해 자연스럽게 물어 불안의 정체를 알아내어 다독여 주는 것이 좋다. 그녀는 자신의 불안을 알아준 상대방을 의지할 수 있고 자신을 이해해 주는 존재라 생각할 것이다.

그 자리가 지루하다면 턱을 괴는 것 말고도 팔다리를 자주 움직이는 등, 또 다른 행동을 할 테니 지루해하는지 불안해하는지 차이를 알아차려야 한다.

정수리를 만지는 여자 친구의
신호를 알아차려라

데이트할 때 여자 친구가 정수리 주변을 자꾸만 만진다면 남자 친구에게 응석 부리고 싶다는 신호이다. 이는 앞서 말한 '자기 친밀 행동'의 하나로 어린 시절 부모가 머리를 쓰다듬어 주며 애정 표현했던 기억을 떠올리는 것이다. 불안할 때 무의식적으로 자기 머리를 쓰다듬으면서 불안을 없애려는 것이다.

이런 여자들은 자존심이 강해 직장이나 친구와의 사이에서 힘든 일이 있을 때 남자 친구에게 응석을 부리고 싶지만 솔직하게 드러내지 못한다.

이 같은 무언의 신호를 놓치지 말고 가만히 어깨를 감싸 안거나 머리를 쓰다듬어 주면 그녀의 마음도 편해질 것이고 자연스럽게 응석을 부릴 것이다. 그녀는 상대를 더 가깝게 느낄 것이고 두 사람의 유대 관계도 더 돈독해질 것이다.

주의할 점은 똑같이 머리를 만지는 행동도 정수리 부분이 아닌 머리카락 끝을 만지는 행동은 자신의 세계에 빠진 것을 뜻한다. 이런 행동은 응석을 부리고 싶어서가 아니라 무언가에 몰두해 있는 것이니 방해하지 않는 것이 좋다.

우울한 남성의 마음을 사로잡는 스킨십

 직장에서 실수를 저질러 우울해하는 사람을 격려해 주기 위해 어깨를 가볍게 칠 때가 있다. 실의에 빠졌을 때 어깨를 가볍게 치는 스킨십은 상대의 마음을 진정시키는 데 도움이 된다.

 실의에 빠지거나 긴장했을 때는 친화 욕구가 높아져 무의식적으로 누군가의 애정, 격려, 스킨십 등을 원한다. 야구나 축구 감독이 선수들을 시합에 내보낼 때 가볍게 등을 다독이는 것도 긴장감을 누그러뜨리기 위한 스킨십의 하나이다.

 직장에서 풀이 죽어 있는 남자 직원이 있다면 자연스럽게 어깨를 다독여 주자. 만약 그에게 호감이 있다면 이때가 그와 가까워질 기회이기도 하다. 어깨를 다독이면서 따뜻하게 말을 걸면 남자 직원의 마음의 문도 쉽게 열릴 수 있다.

 단, 남성이 여성에게 이런 행동을 할 때는 주의해야 한다. 가볍게 어깨를 치는 행동도 여성을 기분 나쁘게 할 수 있다. 오히려 경계심을 높이게 하는 결과가 될지도 모른다.

고개를 갸웃한다면 이야기에 흥미가 있다는 뜻

남성보다 여성이 이야기를 들을 때 고개를 잘 끄덕이고 맞장구도 잘 친다. 얼핏 보면 상대의 이야기를 진지하게 듣고 모두 이해하는 것 같지만 실은 그렇지는 않다. 끄덕이거나 맞장구를 치는 반응은 대화를 위한 의례적인 행동일 때가 많다.

하지만 고개를 갸웃하는 행동은 이야기에 집중하고 있다는 뜻이다. 의례적인 행동도 잊을 만큼 경청하고 있는 것으로 이야기에 흥미를 느끼고 있다는 뜻이다.

그러니 이야기를 듣던 상대방이 고개를 살짝 기울인다면 기회를 놓치지 말고 친해질 수 있는 분위기를 만들어야 한다. 데이트 신청을 해도 좋다.

또한, 회의 중에 거래처 여성이 고개를 갸웃한다면 거래를 성사시킬 수 있는 절호의 기회로 보고 밀어붙이면 뜻대로 일을 매듭지을 수 있을 것이다.

거짓말을 알아차리려면 귀를 보라

연인이 평소와 다르게 느껴져 바람피우는 것 아니냐고 추궁해도 모른 척할 때가 있다. 상대방의 잘못에 대한 확신은 있는데 교묘하게 넘어가서 도무지 해결 기미가 보이지 않을 때도 잦다.

이럴 때는 얼굴을 마주 보고 알고자 하는 것에 대해 질문한 뒤 상대의 귀를 관찰하여라. 이 질문에 귀가 빨개진다면 거짓말일 가능성이 크다. 상대가 거짓말할 때는 목소리의 떨림, 표정으로도 유추하지만, 귀를 보고도 알 수 있다. 마음의 동요는 신체 어딘가에 나타나는 법이다.

사람은 거짓말할 때 긴장하거나 거짓말이 들킬지도 모른다는 생각을 한다. 표정을 감추는 것이 능숙한 사람도 귀가 빨개지는 것은 막을 수 없다.

반대로 자신이 추궁을 당했을 때 시치미를 떼도 귀의 변화는 막을 수 없으니 주의해야 한다.

신발을 반쯤 벗은 채 다리를
흔들거리는 사람은 주의할 것

유명한 동화 '신데렐라'는 왕자님이 신데렐라가 떨어뜨린 유리 구두를 주워 구두에 발이 꼭 맞는 아가씨를 찾는 결말로 행복하게 끝난다. 비평가들은 이 이야기를 성의 궁합을 암시한다는 의견을 내놓기도 했다.

심리학적 관점에서 신발은 성의 상징으로 본다. 그래서 자연히 신발을 신는 모습에 따라 그 사람의 성적 경향을 유추하기도 한다.

예를 들어, 언제나 신발을 반짝반짝 윤이 나게 깨끗하게 신는 사람은 상식적인 정조 관념을 가진 사람이다. 바람을 피우지 않고 도덕 관념을 중요하게 생각하므로 안심할 수 있다.

하지만 명품 신발임에도 더럽고 해져 있거나, 신발 뒷부분이 접히게 신는 사람은 주의해야 한다. 발끝이 단정하지 못한 것은 성격 또한 단정하지 못하다고 예상할 수 있다.

이런 관점에서 다리를 꼬고 앉아 위로 올라간 다리의 신발을 반쯤 벗은 채 흔들거리는 사람은 정조 관념이 낮다고 볼 수 있다. 집 현관에서 자신이 벗은 신발을 정리하지 않고 그대로 두는 사람도 마찬가지다.

두 사람이 나란히 걸을 때 알 수 있는 호감도

거리를 함께 걷고 있을 때 여성은 남성이 자신을 이끌어 주기를 바란다. 하지만 여자 친구를 자동차가 다니는 도로 쪽으로 걷게 하거나 남성 혼자서 성큼성큼 앞으로 걸어 나가면 상대방에 대한 신뢰와 애정이 순식간에 식어 버리기도 한다.

단순히 남성의 센스가 둔하다고 생각할 수도 있지만, 심리학적 관점에서 상대방과 보폭을 맞추지 않고 먼저 가 버리는 행동은 상대방이 아닌 목적지에 마음이 있다는 뜻이다. 따라서 상대방을 신경 쓰지 않고 있어 연애 감정이 크지 않다고 볼 수 있다.

사람이 많은 거리를 걸을 때 사람들이 앞에 다가오면 둘이 함께 같은 방향으로 피하는지, 두 사람 사이로 사람들이 지나가게 하는 지로도 상대방의 애정을 알 수 있다. 두 사람이 함께 같은 방향으로 피하려는 행동은 호감이 있는 것이다. 하지만 반대로 두 사람 사이로 사람들이 지나가게 한다면 상대방을 중요하게 생각하지 않는다고 볼 수 있다.

설득의 리더십
사람의 마음을 읽는 지혜와 기술

초판 1쇄 인쇄 2022년 03월 10일
초판 1쇄 발행 2022년 03월 15일

—

지은이 김문성
펴낸이 김호석
기획부 곽유찬
편집부 박선영
디자인 redkoplus
마케팅 오중환
경영관리 박미경
영업관리 김경혜

—

펴낸곳 도서출판 린
주소 경기도 고양시 일산동구 장항동 776-1 로데오메탈릭타워 406호
전화 02) 305-0210
팩스 031) 905-0221
전자우편 dga1023@hanmail.net
홈페이지 www.bookdaega.com

—

ISBN 979-11-87265-90-0 (03190)

- 파손 및 잘못 만들어진 책은 교환해드립니다.
- 이 책은 저작권법에 의하여 보호를 받는 저작물이므로 무단 전재와 복제를 금합니다.